《家长阅读》丛书

怎样使孩子自信

《家长阅读》丛书编委会◎编

河海大学出版社
HOHAI UNIVERSITY PRESS
·南京·

图书在版编目(CIP)数据

怎样使孩子自信 /《家长阅读》丛书编委会编.
南京 : 河海大学出版社, 2024. 7. --(《家长阅读》丛书). -- ISBN 978-7-5630-9256-7

Ⅰ. G78

中国国家版本馆 CIP 数据核字第 202410VL26 号

书　　名	怎样使孩子自信 ZENYANG SHI HAIZI ZIXIN
书　　号	ISBN 978-7-5630-9256-7
责任编辑	吴　淼
特约校对	丁　甲
封面设计	徐娟娟
出版发行	河海大学出版社
地　　址	南京市西康路 1 号(邮编:210098)
电　　话	(025)83737852(总编室) (025)83722833(营销部) (025)83787476(编辑室)
经　　销	江苏省新华发行集团有限公司
排　　版	南京布克文化发展有限公司
印　　刷	江苏农垦机关印刷厂有限公司
开　　本	880 毫米×1230 毫米　1/32
印　　张	2.75
字　　数	60 千字
版　　次	2024 年 7 月第 1 版
印　　次	2024 年 7 月第 1 次印刷
定　　价	15.00 元

《怎样使孩子自信》编委会

前　言

家庭是社会的基本细胞，家庭承载着国家与民族的前途和希望。“天下之本在国，国之本在家”“家和万事兴，家齐国安宁”。以习近平同志为核心的党中央高度重视家庭、家教和家风建设。在2018年全国教育大会上，习近平总书记对家庭教育作了“四个第一”的精辟概括。他指出，家庭是人生的第一所学校，家长是孩子的第一任老师，要给孩子讲好“人生第一课”，帮助孩子扣好人生第一粒扣子。在2015年春节团拜会上，习近平总书记谆谆告诫大家：不论时代发生多大变化，不论生活格局发生多大变化，我们都要重视家庭建设，注重家庭、注重家教、注重家风，紧密结合培育和弘扬社会主义核心价值观，发扬光大中华民族传统家庭美德，促进家庭和睦，促进亲人相亲相爱，促进下一代健康成长，促进老年人老有所养，使千千万万个家庭成为国家发展、民族进步、社会和谐的重要基点。

2021年10月23日，第十三届全国人民代表大会常务委员会第三十一次会议通过了《中华人民共和国家庭教育促进法》(以下简称《家庭教育促进法》)，标志着家庭教育真正地由“家事”变成“国事”。

认真学习习近平总书记关于家庭教育的系列重要讲话精神，全面贯彻落实《家庭教育促进法》，进而实现中华民族伟大复兴的中国梦，是我们编纂《家长阅读》丛书的初衷。

坚持科学性、知识性、趣味性，立足高品位，弘扬正能量，博采天下家教精华，使读者朋友喜闻乐见，成为“家长的益友，家教的良师”，是《家长阅读》丛书的编纂宗旨，也是《家长阅读》丛书不懈追求的目标。

家庭教育是一切教育的基础。家庭教育决定孩子的未来。走进新时代，如何做一名合格的家长，是每一位负责任、有担当的家长不能回避的问题。

为国教子，是新时代家庭教育的价值取向。坚持为家教子与为国教子的有机统一，坚持个人成长与社会进步的有机统一，万户千家共同发力，各方能量竞相叠加，才能形成推动民族前行的磅礴之势。

立德树人，是新时代家庭教育的核心要义。家长要善于掌握规律，科学育德，灵活育德，根据新时代儿童成长特点，培养孩子高尚的操守和优秀的品格。

以身垂范，是新时代家庭教育的基本方法。家长要秉持正确的世界观、人生观、价值观，谨言慎行，防微杜渐，言传身教，做好表率。

本套丛书的编纂工作，得到河海大学出版社的鼎力支持，国内著名家庭教育专家赵忠心、赵刚、卢勤、王大龙等老师也倾力相助，在此谨致衷心的感谢！

《家长阅读》丛书编委会

目 录

第1章　家教视点

自信是孩子心理健康的体现，自信是孩子学习生活的动力，自信是孩子完成各项活动的保证，自信者，相信事在人为，相信自己的愿望通过努力定能实现。新的时代，我们需要千千万万信心满满的孩子，在实现中国梦的道路上一往无前地创造辉煌。这次本栏目的中心话题就是如何培养孩子的自信心，专家学者们从各个不同的侧面和角度对这一问题做了详细的解析与阐述，值得一读。

培养孩子自信坚韧的品质

自信是指个体对自己和自己的能力有信心，是对自己整体价值的肯定。自信伴随着个体自我意识的萌芽和发展，以及与他人的社会性交往而逐渐建立发展起来，是一种建立在自我评价、他人反馈基础上的自尊感和把控感。越来越多的研究表明，自信能够影响一个人的行为和心理健康，从而影响一个人的生活品质和对生活的满意度。

任何一个家长都希望自己的孩子能够积极阳光、自信大胆，能够在学习和生活中勇往直前、不怕失败、取得成功。然而，孩子的成长之路必定不会总是一帆风顺，挫折挑战总是伴随左右，时时挑战着孩子的自信。比如一年级“小豆包”刚从幼儿园升入小学，就要学习适应全新的学校教室环境、课堂纪律、学习内容、学习方式和学习任务，还要认识新同学、新老师。有的孩子充满好奇和兴趣，积极主动投入到适应转换中；有的则敏感焦虑，遇到挑战先退缩，畏惧困难，甚至出现厌学情绪。这其中缺乏自信就是一个重要因素。

再比如，随着年龄增长，孩子在学习道路上势必要不断闯关升级才能最终取得令人满意的成绩，考入理想的学校。有些孩子能够正视自己的问题，忍受一时的失败和挫折，攻克难关解决问题；有的孩子却惧怕失败，偶尔一次失误就一蹶不振，或者经历几次失败而产生习得性无助，最终放弃努力。这其中是否自信同样很重要，同时还有一个品质不容忽视，那就是坚韧。

自信与坚韧相伴而生，因为自信并不总是在成功的基础上建立的，反而恰恰在挫折与困难面前，坚韧赋予了自信更深刻的内涵与不竭的源泉，对人的一生都具有重要意义。那么，家长该如何培养孩子自信坚韧的品质呢？

第一，家长要对孩子无条件地接纳、坚定不移地信任，帮助孩子塑造自信

孩子是天生的主动学习者，天生的探索家，天生热爱生活，具有极大的生命热情。他们有时能够按照自己的想法实现自己的意志，获得成功，获得父母同伴的关注、认可和赞赏，建立起自我效能感和胜任感，更有自信。但有时却又不得不面对困难和挫败，对自己的能力和价值产生怀疑，甚至产生羞耻感。这时，家长的态度、回应非常关键，关系着孩子对自我价值的重新认识，关系着孩子自信自尊的维护，还有是否能够勇敢地去面对和解决问题。

我的儿子上小学的时候有一次从书包里掏出来皱巴巴的一张美术作品，趁我不注意扔到垃圾桶。我请他捡回来，打开看一看是什么。儿子犹豫着打开作品，是一幅水墨画，画面中有荷叶、莲蓬。我惊讶地说："这个莲蓬好可爱啊！"儿子同样吃惊地看着我说："你看出来这是莲蓬了？"我说："当然了啊，多像啊，一眼就看出来啦。"儿子如释重负地叹了口气，说："老师说我画得不好，都没收我的。"我看到了他眼神里的失落和委屈。我让他把画纸铺展，然后贴在了墙上，我赞叹地说："真的很好看啊，你看还有花骨朵呢！"儿子也笑眯眯地抬起头看着他的画，说："嗯，我也觉得我画得很好！"我相信，我真诚的接纳和欣赏给孩子的心灵注入了能量，帮助他重构了消极评价带来的自我认识，进一步坚定了他的自信。

很多家长口口声声爱孩子，但是孩子一旦遇到挫败，就会站在孩子的对立面对孩子进行指责嘲讽，用"别人家的孩子"给孩子施加压力，使孩子遭受内外双重打击。还有的家长会自身沉浸在悲观失落的情绪中走不出来，这种消极氛围会感染孩子，使孩子更容易产生自我怀疑和内疚感，从而丧失自信。

心理学里面常常讲到的"安全感"这个词，实质上有两层内涵，一层是指"安全基地"，父母对孩子表示接纳和信任，使得孩子有足够的自信和勇气向外探索，告诉他：没问题，我相信你；一层是指"安全港湾"，当孩子在探索过程中遭遇危险、

失败时，可以回到父母身边仍然享受到安抚和鼓励，告诉他：没关系，我依然爱你。家长应该成为家里的定海神针，无论孩子遇到什么挫折，永远都和孩子在一起，孩子则会逐渐适应并解决冲突，建立更健康的自我意识，获得自信。

第二，家长要支持孩子尝试解决问题，培养积极反思的能力，帮助孩子赢得自信

真正的自信不是盲目的自信，也不是靠空洞的赞赏和表扬就能建立起来的，而是在做一件一件具体的事情的过程中不断积累成功经验形成的，是在一次次的挫败和打击中通过反思调整、解决问题形成的。家长除了尊重和接纳，还应该做的是放手让孩子独立应对学习和生活中的事情，增强他的把控感和胜任力；和孩子共同面对困难，解决问题。当然，我们的帮助也并不是包办代替，不是直接给答案，而是引导孩子学会管理消极情绪，学会反思，调整行为。孩子越小，反思能力越弱，越需要家长具体、细致的帮助和引导。

比如孩子要用插片插一把长长的“宝剑”，可是试了好几次，“宝剑”插到一半就掉到地上损坏了。孩子生气地说：“我再也不插了，我就做不好！”这时，家长就要和孩子一起讨论“宝剑”为什么会折呢？是插得不牢？太长了？太细了？还是挥舞得太用力了？等等，让孩子找找问题再进行有针对性的改变。不论孩子的分析和办法是合理还是幼稚，都不要去做评判，而是鼓励他去验证；还可以进行追问质疑：“除了这个办法，还有什么办法吗？”那么孩子就会开动脑筋去想，他的思维就会更开阔，更有灵活性，就会逐渐从自我否定的情绪中更多转移到对问题的思考和解决中，自信自然而然会建立起来。

再比如，孩子在和同伴交往中会遇到被同学冷落、排斥、拒绝的情况，会与同伴发生冲突，甚至遭受欺凌，如果缺乏正确引导，很有可能会导致孩子的自卑与退缩。那么，家长就需要在孩子遭受社交挫败的过程中，引导他反思并与他讨论和同伴相处中如何说话、如何倾听、如何共情、如何保护自己，习得正确的社交技能，并遵守相应的社交规则，才能在面对同伴时更有自信，更游刃有余。

第三，家长要引导孩子从多元视角看待挫败，以生命智慧滋养自信

美国著名理论物理学家列纳德·蒙洛迪诺提出一个概念叫弹性思维，这是一种富有张力的思维品质，能够打破条条框框，跳出思维定式来看问题。心理学家发现，当人的思维离开舒适区，习惯各种不确定性和矛盾状态时，就可以超越传统的线性分析的思维模式，从而形成创新与整合各类信息的能力，并培养勇于尝试和接纳失败的能力。

纪录短片《成为詹森先生》的主人公克林特是一个世界著名鼓手，他小时候上课的时候总是情不自禁要敲桌子，常常被老师和同学排斥，直到遇到他的老师詹森。詹森老师送给他一对鼓槌，告诉他：你是天生的鼓手。从此他的命运发生了改变。摆脱已有的认知和价值体系的束缚，在失去中看到获得、在不完美中看到生机，获得一种审美的、不功利的精神解放，不仅会影响我们的心态，还会赋予我们解决新问题的能力，使命运发生建设性的改变。

家长要经常性地和孩子一起讨论发生在自己身上的事情和对周围人或事物的观察，全家人都发表自己的观点，让孩子感受到每个人不同的视角和价值取向，从而走出个体的认知局限。比如考试成绩不理想，孩子很沮丧，觉得自己知识掌握得不牢固，基础不扎实，觉得自己好失败；妈妈认为，虽然成绩不理想，却暴露出问题出在哪里，可以让孩子尽早地着手去查漏补缺，是好事儿；爸爸则从心态的角度认为这次考试正好是大考前的心理检验，提醒孩子多加注意情绪管理方面的问题，从而有准备地应对后面的考试。生命智慧正是在这样的讨论和启发中形成的，不同角度的讨论可以帮助孩子走出对一次失败的片面认知，并进一步滋养他的自信。

（李一凡）

父母是孩子自信心形成的关键

生活中,我们常常看到有些孩子,在外人面前,总是表现得很胆小,不敢表现自己。比如,在路上遇到老师、同学,总是低着头走过,假装没看到;上课时,老师提出的问题,明明知道答案,却不敢举手回答。其实,孩子这些表现的根本原因,在于缺乏自信心。

孩子充满自信心是心理健康的体现,是孩子学习和生活的强大动力,也是孩子完成各项活动的有力保证,它是一种健康的心理状态,是孩子内在的精神动力。孩子有了充分的自信心,就可能产生强大的内驱力,燃起智慧的火花,从而走向成功。

我们发现,自信心使孩子勇敢。当孩子遇到困难的时候,它能鼓舞孩子迎难而上,克服困难,不断进步,去迎接各种挑战;自信心使孩子果断。自信的孩子总是勇于担当,做事不会犹豫不决,会保持果断的做事习惯;自信心使孩子谦虚。自信的孩子更能正确对待自己的优点和不足,从而可以更加全面地认识自己,谦虚待人,不断进步。

自信的孩子总会有一些鲜明的表现——

大方和人交流。一个自信的孩子会敢于与人交谈,因此他们的社交能力好。交流时孩子喜欢专注地望着对方,有坚定的眼神,这样,不仅让别人感觉孩子很真诚,也给人留下一种自信的印象。如果和别人交流时,孩子的眼神总是东张西望,好像故意在回避,那么就要引起注意。看着别人说话是基本的礼貌,父母要引导孩子,慢慢训练孩子,让孩子越来越自信。

做事有主见。一个自信的孩子做事会更加有主见，所以他们更加容易成功。自信的孩子特别有自己的想法，他们面对选择时，会通过自己的思考，决定要做什么不该做什么。如果孩子缺少主见，任何事都听大人的意见，那么他们就不是特别自信，害怕自己的选择不正确，给别人带来麻烦。家长面对这种情况，要多多引导孩子自己做选择，不管选择正确与否，都要鼓励孩子，表扬孩子，让孩子树立自信心，这样对孩子的成长才会更有益处。

培养孩子自信心，父母很重要。

孩子的自信来源于父母的鼓励与肯定、尊重和欣赏。好父母决定孩子一生，这里的“好父母”，不是指父母给予孩子的物质生活好，而是父母懂得如何给孩子最好的生活环境、生活氛围。

父母要在孩子成功的体验中培育他的自信心。

在鼓励、信任中让孩子学会自信。父母要多看到孩子身上的长处，找出他们行为中的闪光点，哪怕是细微的优点。实践告诉我们，孩子做事能否持之以恒，与父母的信任程度有密切的关系。当孩子不能很好地把事情做好的时候，父母要投去鼓励、期待的目光，说一些信任的话语，引导、帮助他取得成功，这样，他的做事能力就会增强，从而在心底种下一颗自信的种子。

同时，家长给孩子提出的目标要适当，要让孩子努力后能够达到目标，从而产生成功后的喜悦感，相信自己的能力，形成自信心。

当然，孩子处于会犯错、易做错事的年龄，这是每个孩子成长过程中很难避免的，家长不要总是指责孩子。"士气可鼓不可泄"，教育孩子也是这样。有些父母急性子，或是完美主义者，对孩子的教育没有耐心，无论是遇到大事还是小事，处理的方式都是直接指责孩子的过错。这样，会伤害孩子幼小的心灵，会让孩子性格变得内向，不敢说话，用"坚硬"的甚至带刺的"外壳"封闭自己的内心世界。因此，父母对孩子要耐心教导，平心静气地跟孩子讲道理。

平时与孩子平等相处和交流，和孩子一起看他喜欢的动画片，和他讨论喜欢的人与事，对他的观点表示感兴趣。平等的相处和交流是给他自信的阶梯。

让孩子在成功的喜悦中获得自信。父母要给孩子创设机会，多鼓励他们跟人沟通，可以从最基本的打招呼做起，鼓励孩子见到熟人主动打招呼。跟孩子相处时，孩子想做的事情，只要在合理的范围内，都可以鼓励孩子去做，多给孩子信心和安全感。另外，鼓励孩子多参加课外活动，丰富孩子的视野。如一个小实验、一次朗诵等等。当孩子表演背诗、讲故事和唱歌的时候，给他打拍子等，配合他的表演。锻炼他敢于从容登台表演，就是锻炼他的自信心。当孩子胆怯或遇到困难的时候，父母要予以鼓励，或给予帮助，使孩子获得成功。当他们取得哪怕只是微小的进步时，也要及时给予肯定和表扬，使他们尝到成功的喜悦，增强自信心。俗话说，"失败是成功之母"，其实，成功更是成功之母。

在孩子自主选择中培养孩子的自信心。生活中，要多给孩子自己自主做选择的机会。周末带孩子出去游玩的时候，父母要征求孩子的意见，不要说"今天我们去动物园"，可以问："今天你想去动物园还是博物馆？"让孩子学着购买自己的衣服，让他自己挑选颜色和款式，也许他选的颜色你并不喜欢，但不要否定他的眼光，孩子的意见被尊重是他自信的开始。让孩子做力所能及的事，比如独立清洗自己的袜子、内衣，哪怕洗不干净。孩子的自信来自每件小事中你对他的认可。

多给孩子自己做选择的机会，让他自己做出选择，会增加对自己的信心。

父母要在孩子遇到困难时激发他的自信心。

每个人在成长的过程中，都会经历困难和挫折。父母要在孩子遇到困难时培养孩子勇敢和自信的品质。

与孩子共情，增强面对困难的勇气。

有些父母看到孩子遇事退缩、不敢尝试时，常常会有两种做法。一种是忍不住批评孩子："怎么这么没用！"一种则是使劲地鼓励孩子："要相信自己，你一定能做到的！"其实，这两种方法对于孩子来说，都不能起到有效的作用。批评指责，只会使孩子的自尊受到更大的打击；而空洞地鼓励，只会让孩子觉得自己的感受不被父母理解。

此时不妨先接纳孩子的"做不到"。比如有个一年级的男孩小磊，在亲子运动会上过独木桥的时候，他一直胆怯地躲在妈妈身后。眼看就要轮到他了，妈妈转过身对他说："到你了！加油！"孩子小声地跟妈妈说："妈妈，我……不敢。"妈妈一听，立马板着脸对小磊说："你是男孩子，有什么不敢的。快去！"

孩子无奈，便小心翼翼地上了独木桥。一上独木桥，小磊便两腿不停地发抖，没走两步，就大哭起来！从那之后，小磊一看到独木桥就躲得远远的，再也不去尝试了。可见，父母一味用强求的方式，并不能帮助孩子真正地克服内心的恐惧，只会让孩子越来越不自信。

此时，父母一定要及时化解孩子的恐惧心理，鼓励孩子先迈出一小步，哪怕上去站一下也可以，否则真的就不敢尝试了。所以，不妨先与孩子共情，可以对孩子说："独木桥又高又窄，要通过确实需要很大的勇气。"当孩子感受到父母对他的理解和接纳后，才会有勇气去面对困难。

排除顾虑，"我也来试试。"

许多孩子不敢尝试，是因为他们害怕做不好或做错后会受到他人的负面评价。比如，回答老师的问题时，答错了会被同学笑话。

当家长看到孩子表现出胆小、退缩时，可以先询问孩子是不是有什么顾虑。如果孩子不知道如何表达，家长也可以主动问孩子："你是不是担心回答错了，会被同学嘲笑?"如果孩子点头，我们可以进一步引导孩子："如果其他同学回答错了，你会笑他吗?"或是问孩子："班里学习成绩一直很好的同学，是不是也有答错的时候?"

当父母这么引导后，孩子内心的顾虑就会有所减少，产生"我也来试试"的想法。

培养成长型思维，"我能行！"

当孩子不敢做某事或做不好某件事时，不少父母会将其归因为孩子能力、习惯问题，这会导致孩子认为自己"我不行"，觉得再努力也没用，从而不愿意去尝试。

家长要让孩子知道，没有人天生就会做好某件事，都需要一个学习、努力的过程。

比如，父母可以告诉孩子："妈妈以前也不敢过独木桥。但后来通过一点一点地练习，渐渐敢在独木桥上站，再慢慢地就敢在上面走了。"

这种引导，可以让孩子意识到，暂时做不到没关系，只要肯学习，自己也是可以逐步做到的，我能行！

当孩子表现出不自信，认为自己做不到时，我们可以列举出孩子以往一些成功的经历，让孩子看到自己曾经取得的成绩，这也是一种增加孩子自信的方法，从而使孩子产生"相信我自己"的想法。

（房元品）

自信，让孩子离成功更近

自信，是一种对学习生活、对事业前途充满信心的积极的心理状态。自信者，他们相信事在人为，相信自己的愿望或预期目标通过努力能够实现，因此更易成功。

美国著名心理学家马尔茨在《人性的控制》一书中说："天啊！最可怕的不信任竟是对自己的不信任。生活里的陷阱和深渊，最糟糕的首推不尊重自己，这些又最难克服。"现实生活中，有些人之所以意志消沉、悲观失望、学业或事业常以失败告终，往往正是因为其缺乏必要的自信。

每个家长都希望自己的孩子能够阳光自信，因为自信对孩子成人成才、人生发展均有着积极的影响。自信的孩子，敢于尝试新事物，直面新挑战，并且在面对困难时始终保持积极的心态，从而能够更好地克服困难，摆脱困境，走向成功。

那么，家长该如何培养孩子的自信心呢？笔者想从以下几个方面来谈谈。

一、营造良好的家庭氛围，给予孩子关爱和支持

小静今年上小学三年级，在老师和家长的眼中，她一直是一个腼腆内向的孩子。她总喜欢低着头走路，上课的时候从来不主动回答老师的问题，也不爱参与同学间的探讨。老师讲的题目，她即便听不懂也不敢去问，生怕自己问错了，会受到老师的批评和同学的笑话。而且，小静总是认为自己太笨了，不能把事情做好。

其实，像小静这样的孩子，在生活中并不少见，这是典型的自卑心理在作祟。自卑的孩子，他们往往缺乏自信，胆小怕羞，不敢轻易参与同学间的竞争。这些孩子性情一般比较孤僻，对别人的评价也较为敏感，并且承受能力较差，偶尔遭受打击便会不知所措，甚至自暴自弃。因此，在学校里他们常常不受老师和同学的“待见”，甚或还会遭到他人歧视。

从孩子身上的这些表现不难看出，自卑已经严重危害到他们的身心健康。笔者以为，这类孩子其实才更加需要得到老师的鼓励和关爱。而且，作为孩子的父母，也应给予其更多的理解和包容，尽可能多地让孩子体会到家庭之爱。家长还应该多和老师取得联系，加强沟通交流，抑或寻求老师或专家的合理建议和有效帮助。对孩子存在的问题家长切不可漠然置之或讳疾忌医，更不可火上浇油，采取随意斥责、恶语中伤等不恰当的方式对待孩子，从而让孩子对人际交往愈发害怕和抵触，甚至因此对上学产生恐惧心理，从而严重影响孩子的成长和发展。

二、培养积极的个性品质，对孩子给予肯定和赞美

小翼和他的小伙伴一起玩游戏时，总想着赢，一旦输了就不高兴，大吵着“又输了，不玩了”。学骑自行车时，从车上摔下来后，他就大哭大闹不愿意尝试第二次。为什么小翼碰到一点儿困难就退缩呢？

像小翼这种面对失败时表现出的逃避、不自信的现象，心理学家称之为失败恐惧。失败恐惧作为一种消极的情绪体验，对个人身体、心理的健康发展均会产生不利的影响。所以，孩子害怕失败的现象应引起家长的足够关注。那么，到底是什么原因令孩子害怕失败呢？

首先，害怕失败可能源于孩子争强好胜的性格。由于自己学习成绩优异，“我要得第一”的想法或许会成为他们做事情的动力，也成为他们衡量结果的唯一标准。一旦失败，他们便无法接受心理上的失落感。此时，如果孩子缺乏家长和老师的恰当引导，他们就会对自己失望，拒绝再次尝试。

其次，孩子害怕失败可能也有父母的原因。有些父母总是希望自己的孩子出类拔萃，所以对孩子要求过严，不允许孩子有丝毫的差错。一旦孩子哪件事做得不好，就指责孩子笨，或者惩罚孩子。由于孩子害怕失败后被父母责骂，因此做事往往战战兢兢。长此以往，孩子的自信心会严重受挫。

如何帮助孩子培养积极勇敢的个性，进而塑造自信的品质呢？

让孩子感觉到被家长信任。父母应当学习和孩子进行积极而有效的沟通，帮助孩子解决害怕失败的问题，培养孩子“输得起”的生活态度。当孩子遇到困难退缩时或者犯错后选择回避时，家长不能一味责怪孩子所犯的错误，更不能打骂或采取“冷处理”“收回爱”的方式。家长一定要投以信任的目光，陪着孩子去厘清面对的状况，鼓励孩子积极予以解决，同时不要吝啬自己的赞许。

家长要善于发现孩子的优点和特长，并对他们的努力和进步给予肯定和赞美。这样可以让孩子感受到自己的价值，从而增强其自信心。比如，孩子取得了好成绩后，父母应该及时予以褒扬，或给予适当的奖励；当孩子失败时，父母应该适时“挺身而出”，帮助孩子端正对失败的看法，与孩子一起分析失败的原因，鼓励孩子从头再做一次，多说“你能行”，培养其耐挫能力。父母采取肯定和赞美的方式，可以有效增强孩子敢于再次尝试的勇气，尽快恢复其自信心。

三、培养孩子的适应能力，给予鼓励和耐心

雯雯10岁，上小学五年级。班级老师都夸她是个勤奋好学的孩子。美术老师认为雯雯不仅想象力丰富，配色和构图能力也非常出众，便动员她参加学校组织的现场绘画大赛。可是，雯雯却不愿意参加，因为她很不自信，觉得现场作画对她来说太难。对此，雯雯的妈妈很是忧心。后来，为了鼓励雯雯勇敢接受挑战，妈妈帮雯雯报了一个野外露营夏令营。在临出发前两天，雯雯忧虑得吃不下饭，担心离开妈妈，也担心在夏令营交不到朋友……

雯雯的问题，在同龄孩子中其实并不少见。这些孩子面对陌生的环境或挑战总会表现得焦虑、信心不足。他们平时做事认真踏实，也在一些个人领域表现出其他孩子所没有的优势，但就是不愿意走出“舒适区”，踏入“勇气区”接受挑战。父母该如何让孩子勇于接受挑战，增强自信呢？

首先，家长要鼓励和引导孩子积极尝试新事物，适应新环境，即便失败也不要过分苛责。孩子通过不断尝试，便可以在成功中增强自信，从失败中汲取经验。当然，面对胆小、内向、不愿意主动适应新环境的孩子，家长也应努力成为他们的“心理安全基地”，与孩子沟通时要耐心倾听，给他们充分表达自己观点的机会。

其次，在孩子需要适应新环境、应对新挑战时，家长需要细心体察孩子的情绪。如果孩子出现焦虑和不安时，家长要适时给予其鼓励和信心。切记不可因为孩子面对挑战时表现出退缩的行为，而轻易责备孩子，或者对孩子表现出极端失望等情绪。

第三，家长应和孩子一起制定目标，先易后难，力求通过每一次的成功体验，来增加孩子的自信心。当然，在这一过程中，如果有时间、有机会的话，家长完全可以扮演好“成长脚手架”的角色，耐心地和孩子一起应对挑战、解决问题，从而帮助孩子更好地树立自信心。但是，家长切忌事事代劳，不让孩子沾手，而使孩子形成一种强烈的依赖心理和被保护意识。

通过以上方法，家长定能够有效地培养孩子的自信心，为孩子的健康成长奠定良好基础。

（蒋建飞）

如何帮助孩子增强自信

自信是一种重要的心理素质，能够帮助人们取得成功、建立良好的人际关系、充分享受生活的美好。

一个自信的人就像是粗瓷上了釉，光彩照人。他们由内而外散发出来的明亮温暖的气息，如同阳光，给人以希望和鼓舞。他们仿佛花朵般广受人们喜爱。

更为重要的是，自信对于个人的发展作用巨大。爱默生更是认为"自信是成功的第一秘诀"，因为自信可以激发人的潜能；自信的人乐观，抗压能力强，他们不惧怕失败，而是把失败当作成长的机会；自信的人更容易被认可和信任，从而更好地与他人沟通、领导团队并解决问题；自信的人更有魅力，能够吸引他人的注意力并赢得合作伙伴和客户的信任……

自信就像是一双坚实的翅膀，可以载着孩子飞得更稳更高更远。那么，我们家长怎样做才能帮助孩子长出这双翅膀呢？建议从这些方面着手。

一、帮助孩子夯实自信的根基

自信是一种自我肯定，如果把这种肯定比喻成一朵花，那它就是由大大小小的成功孕育出来的，这些成功是孩子自信的根基。因此，我们家长要做的就是努力帮助孩子获得这些成功。

1. 强化孩子的优势面

"尺有所短，寸有所长"，再普通的孩子都有自己的闪光点。我们家长要用心找出这些闪光点，并竭力帮助孩子将其发展成为自己突出的优势。这样，孩子不但可以因此而获得成功的喜悦，更会因此而获得极强的自信心，从而以点带面，促进其他方面的发展，取得更多的进步，收获更多的成功。

2. 纵向比较，让孩子在自己的普通面上也能获得自信

对于孩子比较普通的方面，我们要采取纵向比较的方法，找出孩子进步的地方，并加以强化，让孩子看到自己的进步。当孩子某些事做得有所欠缺的时候，家长不要把目光聚焦在他的不足上，而要聚焦在他为此付出的努力上，并及时给予肯定。这些做法都是有利于孩子产生自信的。

3. 帮孩子制定恰到好处的目标

恰到好处的目标通俗来说就是那种努努力、跳一跳就能够得到的目标。这样的目标有利于激发孩子的动力，提高孩子的自律能力，促进他们的学习和成长。而每一次实现目标都是孩子收获成功的时候，此刻不但孩子的自信得到了增强，而且他们也愿意接受新的挑战。当新的挑战成功之后，他们的自信进一步得到加强，继而愿意接受更新的挑战。由此形成良性循环，孩子的个人能力不断提高，自信心不断增强。

4. 建立奖惩机制

适当的奖惩机制可以激发孩子不断进步，纠正消极行为，有利于孩子取得更多的成功。

二、表扬是增强孩子自信最有力的法宝，我们必须充分利用好它

1. 及时、具体地表扬

及时、具体地表扬，就是孩子取得进步或者做了好事之后，我们立刻就进行表扬，而且越具体越好。比如说孩子写了一篇不错的作文，我们不要笼统地说“这篇文章写得好”，

而是要指出好在哪儿，我们可以说:“这篇作文写得真好，立意很新颖，语言也很生动形象，比如说这一句……”这种表扬可以让孩子更深刻地感受到自己的优秀，并且在好的方面更加努力。

2. 制造拐弯的表扬

拐弯的表扬就是经由他人之口说出来的表扬，比如舅舅对小明说:“小明你可真自律呀，听你妈妈说，你每天早晨5点就起床读书了，从来不用妈妈叫。”

当然，这种表扬如果能再拐个弯就更高级了，比如我们可以制造一个场景，舅舅和奶奶正在家里聊天，小明回来在门外“偶然”听到舅舅对奶奶说:“我姐说小明可自律了，每天5点就起床读书了，从来不用妈妈叫，真是个刻苦懂事的好孩子。”

拐弯表扬的优势在于更容易被表扬者接受，因为从别人口中听来的夸奖，真诚度和可信度更高，如果还是偷听到的，那就更令被表扬者心花怒放，自信心爆棚。

3. 在公众场合为孩子鼓掌

“谦谦君子，温润如玉”，千百年来，咱中国人推崇的美德都是谦逊。不过，某些时候，这种谦虚不利于孩子自信心的增长，我们要学会在人群中为孩子鼓掌。

比如，我们领着孩子在游乐场玩耍，孩子身手敏捷，爬梯子、奔跑的速度明显快于其他孩子，为此有其他家长表扬我们的孩子。

这时候我们千万不要谦虚，而要骄傲地说:“确实，这孩子一直都是如此敏捷，我们很喜欢他这一点。”

因为孩子小，他会把你的谦虚当成事实，无形中就丧失了一次增长孩子自信的机会，有时甚至还会伤害孩子的自尊。

4. 展示孩子的荣誉奖品

我父亲在这方面做得非常好，我至今都深深感谢他。每次我拿了奖状回来，无论是三好学生奖状还是竞赛奖状，只要是奖状，他都会整整齐齐地贴在客厅的墙上。这样只要有客人来我家，看到满墙的奖状都会啧啧赞叹，而我的自信也就在这赞叹声中不知不觉地增长起来。后来，我学着父亲的样子，精心张贴儿子的每一张奖状，效果也很好。

三、其他提高自信的小方法

1. 鼓励孩子进行探索、参与有挑战性的游戏。当孩子遇到挫折时，和他一起面对，鼓励他分析失败的原因，寻找战胜困难的方法，在孩子需要的时候施以援手，并且告诉他，失败是人生经常遇到的事，一点都不可怕，重要的是面对失败我们要积极地想办法，而不是沮丧恐惧。

2. 让孩子做力所能及的事情，培养他的自理能力。比如说让他洗洗自己的小袜子，就算是洗得不干净，我们得偷偷再洗一次，那我们也要真诚地表扬他的勤快。我们对孩子每一个小小的认可，都可以增长他的自信。

3. 当我们对孩子提出的问题无法解答的时候，要诚实地告诉他：“妈妈也不懂，等妈妈查完资料之后告诉你。”这一方

面可以给孩子树立一个爱学习的榜样，另一方面还能让孩子明白任何人都不是全能的，从而消除对别人的盲目崇拜的心理，消除因为自己对有些问题不懂而产生的自卑，增加自信。

4. 不要拿孩子和别人家的孩子比较。用孩子的长处和别人家孩子的短处比，会让孩子滋生骄傲自满的情绪，反之，则会让孩子的自信受到严重打击。

5. 和孩子一同记住他的高光时刻——那些做得特别好的、具体的时刻，把它当成美丽的风光片，多多回放。

6. 在合理的范围内，给足孩子自主权。

7. 给孩子足够的信任，允许他们出错，并帮助他们学会从错误中学习。

8. 不要嘲笑孩子，也不要刻意强调他的错误，正确的做法是换个时间再耐心教他。

9. 让孩子帮家长一些小忙，让孩子感受到自己被需要。

10. 适当培养孩子的社交能力，良好的人际关系有助于提高孩子的自信。

11. 鼓励孩子在公众场合展示自己的特长。

12. 挑出孩子长相中的优点，让他们从小悦纳自己的长相，某些敏感的孩子会因为自己的长相产生自卑心理。

13. 世界那么大，多带孩子出去走一走，并帮助孩子养成爱读书的习惯，见多识广懂的多可以增强自信。

（朱红昆）

第2章　家教论坛

孩子也是父母的教科书

做父母的常常认为，孩子的成长是一个漫长的过程，他们观察孩子言行举止通常以一种俯视的目光，孩子若有不从，就以怒骂或体罚来纠正，把孩子的思维和个性通通归咎于叛逆，俨然自己就是孩子成长的百科全书。

我的邻居家里就发生过一件事情。他们的儿子刚刚结束中考，本来想利用暑假旅游放松一下，顺便开开眼界，可父母却认为孩子不能懈怠，要利用假期多读书，增长知识。

父母去了书店，给儿子买回来一大摞书，仅仅一套历史书就多达十几本。儿子捧着这些书先是惊讶，继而眼含热泪，因为要把这些书读完，恐怕这个暑假就耗完了。可父母不这样想，他们认为孩子即将跨入高中，学习生活更加紧张，为了孩子不掉队，就必须从细节抓起，包括补课和读书。

有一天父母开车带孩子回县城老家，在一个路口却迷路了。因为市政改造，过去熟悉的路已经变了模样，这让开车的父亲不得不绕上一圈。看着父亲略微不爽的表情，儿子反倒乐呵呵地笑了。儿子说，我给你们讲一个两千年前的故事吧。

儿子说："教育家孔子是个善于学习的人，他勤思好学，不耻下问。有一次，孔子和学生们正在赶路，忽然一个小孩子拦住了去路。原来，这个小孩子正在路上做游戏，用一堆烂砖瓦垒一座‘城池’。孔子想让小孩子让路，小孩子却说：‘这世上只有车绕城而过的，还没有把城拆了给车让路的。’孔子听罢一怔，随即想到：‘确实不能把孩子摆的城池当玩具。大人这样想，可是孩子不这样想啊；我倡导礼仪，可是让孩子给问住了。’”

父亲听到这儿，马上说：“孔子做得好啊，懂得换位思考。对了，这些典故，你是在历史书上看到的吧？”

儿子说：“其实孔子还有一句话：‘三人行必有我师。这孩子虽小，却懂礼仪，可以做我的老师了。’而三人行必有我师这个典故，并不一定要从历史书上获取，这就是做人的一个常识，关键在于懂得常识的人不一定尊重礼仪，就像看到改道就要皱起眉头一样，为什么不能平心静气绕城而过呢？”

父母回到家，开始反思这件事。儿子把孔子搬出来，表面看是提醒父亲不要因改道而影响情绪，实际上说的却是父母和孩子的关系问题。父母往往从长者为尊的角度，试图“说教”孩子，预设一幅蓝图，让孩子按照他们预设的路线前进。殊不知时代在飞速发展，在一个信息化的时代，孩子接收信息、掌握知识的窗口和渠道很多。填鸭式的教育并不是孩子获得知识的唯一途径，国家提出“双减”，就是要多给孩子自由拓展的空间。提倡读书,更要活学活用,否则再遇到“绕城而过”的话题,父母的情绪还不如孩子稳定。

这个经历,让这对父母感觉到,父母与孩子,是一个双向尊重、互为人师的关系。不能只把自己当成孩子的教科书,也要学习孩子身上的优点,顺势而为。他们给孩子报了一个暑期足球训练班,儿子锻炼了身体,也更爱看书了,父母与孩子相处更加愉快融洽。

教育孩子,与孩子相处,可能每个家庭所面临的问题不同。比如我们家,也发生了两件让我思考的事:

有一次和10岁儿子过马路,在一个车水马龙的红绿灯口,一个颤巍巍的老人迟迟不敢过去。很多人都注意到这一点,但就是没有一个人肯上前帮忙。我还在踟蹰,儿子却很自然地走了上去,搀起老人的手就把他送过了路口。儿子做得很自然,根本没注意到背后有许多双意义复杂的目光。大人和孩子的心境,确实有距离。

儿子上中学后,有个周末,他叔叔一家准备外出旅游,只留下一直跟着他们生活的老母亲。母亲快八十了,考虑她一个人在家比较孤独,于是我给母亲打电话,让她过来吃饭。母亲当时回答我,说家里还有点剩菜剩饭,她就不过来了。谁知被一边的儿子听见了,抓过我电话就对奶奶说,中午他要过去吃饭,有碗水饺就行。

晚饭时儿子回来了,身边还搀着奶奶。我打趣问起中午吃些什么,儿子说,30个馄饨。我一听呆住了,儿子从小到大,最不喜欢吃的就是馄饨,何以一口气吃30个?母亲接过话茬,说她包的馄饨是一斤皮一斤馅,个头比水饺还大,这样一算,岂不把儿子撑坏了?

晚上送走母亲，我问儿子，中午家里有饭有菜，为啥还要跑过去吃不喜欢吃的馄饨，而且一口气吃了30个硬撑？儿子说，他过去，就是想到奶奶一个人在家，陪她说说话。至于30个馄饨，他怕吃不完，奶奶舍不得丢，晚上她再吃剩下的。说罢儿子问了我两句话：奶奶年纪那么大，腿脚又不方便，为什么你们有车不去接？刚才奶奶要回去，为什么你们不执意留她在家里住？

这问题我们回答不上，也许我们压根就没有认真想过。但我也第一次以平视的眼光去看儿子，我突然发现，两次经历，儿子身上所表现出的天然质朴的情感，其实就是我们人类弥足珍贵的善良天性，当我们在教育孩子应该专注于学习，不要沉迷于手机、电脑游戏时，却忘记了已经渐渐长大的孩子也是一本书，他们身上也有许多值得大人去思考、学习的闪光点。

（杨　力）

让优秀成为孩子的习惯

古希腊哲学家亚里士多德曾说过这样一句话："无论什么事，都力求做到最好，让优秀成为一种习惯。"是的，没有人拒绝优秀，没有人拒绝高贵的气质。作为家长，谁不想让自己的孩子养成优秀的习惯呢？

优秀是一种习惯，而不是成绩榜单上高高在上的名次。优秀的习惯，可以成就一个人美好的人生。优秀，如同一眼清泉，让口渴的人感到清爽与甘甜。优秀的习惯就像春雨，润物细无声。

优秀，是一种道德品质上的自我约束习惯，也只有懂得自我约束的人才能最终与"优秀"为友，结伴同行。那么，孩子怎样才能养成"优秀"的习惯呢？

第一，孩子要有"自律"的意志。

高尔基曾说："哪怕是对自己的一点小小的克制，也会使人变得强而有力。"自律的人常常会三思而后行：这件事，我能不能做？不能做，就坚决不做。假如自己不慎做了，要学会自省反思，力求改正。著名作家海涅说过："自省是一面镜子，它能将我们的错误清清楚楚地照出来，使我们有机会改正。"能够自律的人，一定会养成优秀的习惯。

第二，孩子要有"宽以待人"的胸襟。

孔子的学生子贡问孔子："老师，有没有一个字，可以作为终生奉行的原则呢？"孔子说："那大概就是'恕'吧。""恕"，用今天的话来讲，就是宽容，待人接物时要"宽以待人"。

有一个很著名的例子。三国时期的蜀国，诸葛亮去世后由蒋琬主持朝政。他的属下有个叫杨戏的，性格孤僻，讷于言语。蒋琬与他说话，他也是只应不答。有人看不惯，在蒋琬面前嘀咕说："杨戏这人对您如此怠慢，太不像话了！"蒋琬坦然一笑，说："人嘛，都有各自的脾气秉性。让杨戏当面说赞扬我的话，那可不是他的本性；让他当着众人的面说我的不是，他会觉得我下不来台。所以，他只好不作声了。其实，这正是他为人的可贵之处。"这正是蒋琬"宽以待人"的例子。

宽容别人，宽以待人，是一朵芬芳的花，让人敬佩、景仰。宽以待人，要时时想着别人的好，挖掘出别人的"闪光点"，并用虔诚的态度，让人有尊严地接受自己的"馈赠"。这恐怕真的要有一种很宽广的胸襟！

第三，孩子要有"诚信"的品质。

诚信是道路，随着开拓者的脚步延伸；诚信是智慧，随着博学者的求索积累；诚信是成功，随着奋进者的拼搏获得；诚信是财富的种子，只要你诚心种下，就能找到打开金库的钥匙。诚实是一种力量的象征，它显示着一个人的高度自重和内心的安全感与尊严感。

孟子说："诚者，天之道也；思诚者，人之道也。"讲究诚信的人，必能赢得别人的认可。中国古时就有"曾子杀猪"的诚信故事，曾子深深地懂得，诚实守信，说话算话，是做人的基本准则。

当然，孩子还要有"阅读别人"的习惯。阅读别人，与高尚的人交朋友，会使自己变得高尚、睿智起来。

有一句话说得好：播种一种行为，收获一种习惯；播种一种习惯，收获一种性格；播种一种性格，收获一种命运。要想使孩子养成优秀的习惯，作为家长，一定要有意识地培养孩子与"优秀"为友，同"优秀"结伴而行，从日常琐事做起，这真的是任重道远啊！

（纪效成）

第3章 学法崇德

扣好孩子人生的第一粒法治扣子 家长责无旁贷

前几天，看到一则最高人民检察院发布的消息，介绍未成年人犯罪率情况：近年来，从全国总体情况看，未成年人犯罪率仍呈上升趋势。2023年，检察机关受理审查起诉未成年人犯罪9.7万人，其中不满16周岁未成年人犯罪约1万人，盗窃、强奸、抢劫、聚众斗殴、寻衅滋事等5类犯罪占比近7成。

未成年人，花一样的年龄，朝气蓬勃，正是上学读书的年纪，为何会有这么多未成年人走上违法犯罪的道路？

相关专家分析了主观和客观的不少原因，但在我看来，家庭对孩子的教育、特别是法治教育的缺失，是导致这些孩子走上违法犯罪道路的一个重要原因。也就是说，导致未成年人犯罪的根本原因埋藏于家庭，问题家庭是未成年人产生行为偏差的源头。检察机关调查显示，几乎所有未成年犯罪嫌疑人的家庭都有或多或少的问题，有的家长对孩子宠溺过度，导致家庭教育无效；有的家长忙于工作，对孩子放任不管；有的家庭内部矛盾尖锐，影响孩子健康成长，等等。因此，预防未成年人犯罪的一条有效途径就在于将问题家庭导回正轨。

只要家长尽职尽责，帮助孩子从小培养法治意识，让他们知道什么是对的，什么是错的，什么是可以做的，什么是不可

以做的，给孩子提供一个健康的成长环境，孩子是不会走上歧路的。家长教孩子一些法律知识，是对孩子的一种保护。

由此，我想到了我的一位邻居。他是一位法律工作者，因为工作的原因，他看到过太多的家长、孩子因为不懂法而引发的悲剧。他有一个十三四岁的儿子，从儿子上小学开始，他就开始科普相关法律知识，比如打架斗殴，不参与；被欺负、霸凌，要及时求救；教唆别人、出坏点子导致别人犯罪，自己也可能构成犯罪；交通规则，要谨记，等等。儿子听得认真，学得有趣。小小的年纪，如今已经是学校小有名气的法律小专家，经常给同学们讲解一些法律小故事，使同学们了解了许多法治小常识。

前几天，在他家儿子的书桌上，我看到一本《民法典百问百答》的启蒙书。邻居说，这本书对孩子来说，很适用，他常给儿子讲。它的内容是根据民法典进行编著的，如果真正地看完这本启蒙读物，孩子们就会明白，为什么要知法懂法，因为只有知法懂法，才能够避免走上犯罪之路，才能够学会用法律的武器来保护自己，维护自己的正当权益。

我为这位邻居教儿子学法的做法和远见点赞。

关注孩子的健康成长，是每一个家长的期望，更是每一个家长的责任。孩子的健康成长，离不开家长补上法治这一课。虽然学校、社会也会对孩子进行法治教育，但家庭的法治教育，从某种意义上来讲，对孩子或许更重要。因为，一个

人出生后最早接触的是家庭环境，孩子最主要的生活环境也是家庭。家庭中长辈的思想、品德、观念、言行作风都会对孩子产生潜移默化的影响。同理，家长的法治观念和行为规范，也在相当程度上影响着孩子对法律的理解和法治观念的形成。

所以，作为家长，首先要学法、懂法，只有了解、掌握相关法律知识，才能知道什么是能做的，什么是不能做的，才能在生活、学习中教育好孩子遵守法律，让他们养成良好的法治意识和行为习惯，在正确的道路上行走。当然，作为家长，除了要学法、懂法，更要守法，以身作则，做孩子的好榜样。对于孩子而言，父母的言传身教就是最好的教育。遗憾的是，在生活中，我们会看到这样一种现象：虽然有的家长了解相关法律法规知识，却常常做出违反法律法规的事，比如骑车闯红灯，不好好赡养老人，夫妻之间对骂、动武，对邻居以强欺弱，把单位的东西拿回家，等等。看到父母这样的行为，孩子会做何感想？这样的行为，又会给孩子带来什么样的影响？

孩子是每一个家庭的希望，更是祖国的明天。让孩子生活在良好的法治环境中，我们家长是第一责任人，要主动帮助孩子扣好人生的第一粒法治扣子。让我们不断提升自身素养，做一个学法、懂法、守法、用法的家长，把孩子培养成为一个树立正确的法律观和价值观的时代新人。

这既是家长的责任，也是法律的要求。

（晓　华）

“赢得孩子”并不是“赢了孩子”

在家庭教育中，很多父母缺乏必要的家教专业知识和耐心，习惯于用强权压制孩子，用拳头说话。孩子因为屈服于父母的威势，明面上不敢抗拒家长。在与家长的对抗中，表面上，家长似乎是赢了。但事实上，他们并没有赢得孩子的心，他们失去了孩子的信任、尊重和理解。

一场聚众斗殴，使不满十七周岁的小王站到了法庭的被告席上。他1.8米的个子，像个成年人，稚嫩的脸上却仍然有着孩子气的桀骜。

为什么参加聚众斗殴？你知道打架伤害别人是犯法吗？周末你出去打架父母管你吗？

听到法官的发问，小王满怀愤懑地倾诉着：父母忙于工作，平时和自己交流很少。他回忆每天回来父母就问学习，永远都是质问他为什么不努力，为什么没有其他人分数高。在他们眼中，分数代表着一切。他其实也在努力，但是努力并不能立刻见效，对他所说的努力，父母并不相信。为了避免和父母发生争执，无论父母说什么，他都是沉默以对。然而看见他不说话，脾气暴躁的父亲觉得他在软抵抗，又忍不住挥起了拳头。久而久之，家里气氛十分压抑，亲子关系越来越疏离。

为了找到情绪出口，小王把在家的压抑发泄到了外面。他结交了兴趣相投的同学，认识了社会上的朋友，和他们混在一起。听着他们一声声喊“王哥”，他从父母那受到的挫折被抚平，“和他们在一起，无论是喝酒还是打架，我都觉得很快乐”。于是，朋友相约教训几个没有“眼色”的同学，小王欣然前往，拳头落下，让他感到释放。此时，法律离他很遥远，他心里充斥的是哥们义气。

《三字经》里说：养不教，父之过；教不严，师之惰。家庭是未成年人人生中经历的第一站、面临的第一所学校，父母则是孩子的第一任老师。家庭在未成年人成长过程中，起着举足轻重的作用。不良的家庭环境，会给未成年人的身心带来不良影响。家长不要觉得把孩子送到了学校就万事大吉了。书本上的知识是远远不够的，成绩也不是评判孩子的唯一标准，培养孩子正确的三观才是最重要的。家长需要以身作则，多和孩子沟通，多陪伴孩子。家长要看到，孩子逃避正常生活，恰恰是因为看似正常的生活“不正常”。旷课逃学，是因为孩子觉得上学上课没意思；离家出走、夜不归宿，是因为家不美好；而与此相对的，不健康的交际，进入不适宜的场所，是因为他们要释放压抑的情绪。面对孩子出现的问题，家长应该思考一下，孩子逃学旷课，是不是因为自己对孩子的期望过高，致其学习压力太大，家庭氛围不够温暖、不够包容，长久没有和孩子平等深入交流，没有鼓励过孩子……聪明的父母应当学会从自己身上找原因。父母不能只关心孩子的生活，还要真正关心孩子的感受和需求，尊重他们的意见和想法，听到他们的心声，找到与孩子的共同语言。

《中华人民共和国家庭教育促进法》中规定：“未成年人的父母或者其他监护人不得因性别、身体状况、智力等歧视未成年人，不得实施家庭暴力”。父母实施家庭教育，应当尊重孩子参与相关家庭事务和发表意见的权利，严慈相济，关心爱护与严格要求并重；平等交流，予以尊重、理解和鼓励；相互促进，父母与子女共同成长。

（张　天）

第4章　家教故事

如何让孩子学会爱

居家上网课期间，家里的高中生在电脑前一坐坐一天，作为家中的后勤保障，我自然免不了时常端茶送水，间或送个水果，因为怕打扰，所以总是悄悄地送进去悄悄地退出来。前段时间看电视剧《大考》，其中有一段：家俊的妈妈端着一大盘切好的水果笑盈盈地给儿子送进房间。我一看，果盘都和我家的一样，这应该是大多数家庭生活场景的写照吧？有一天晚上，我照例把水果放到儿子的桌上，忙于写作业的他头也没抬，伸手就用叉子叉了一块苹果送进嘴里。这一刹那，我忽然觉得哪里不对劲。

我们一方面批判那些冷漠忽视孩子、不陪伴、不负责任的家长，另一方面似乎又用过度的爱、过度的负责任造就了孩子的麻木和冷漠。我体谅你学习紧张、辛苦，但这个就可以成为你理所当然享受家人的照顾，却毫无感恩之心的理由了吗？我希望我的孩子成为这样的人吗？

想到这里，我对儿子说："对不起，打扰一下，妈妈看到有一项关于孩子向父母表示感恩的研究。研究发现，总是记得并表示感谢回报的孩子的占比进入初中会明显下降，你觉得这说明了什么？"儿子尴尬地笑了一下，说："是不是我们太忙了啊?"我也笑了一下转身走了。第二天,当我给他往杯子里加水的时候,他特意停下笔,抱了抱我,笑嘻嘻地说:"谢谢老妈这么照顾我。"

在我看来,要想培养孩子爱的能力,应该先培养他们感受爱的能力。孩子生来就渴望通过对父母的依恋获得安全感,他们对爱的感受是那么强烈又那么容易满足。那是什么让孩子变得没有了感受爱的能力,甚至还招致孩子对父母的怨恨和反抗呢?我想可能一方面是我们父母用过度的爱把孩子淹没在了各种"奉献"中,剥夺了孩子的主体责任感,主体责任感的丧失就意味着我可以不为任何事情负责,我只被动接受就可以了;另一方面我们又发现很多父母的爱是有条件的,在以爱之名施行着对孩子自由意志的控制。就像家俊的妈妈,即使对孩子精心照顾,但孩子依然受不了她的强势离家出走。试想,如果我也一边给孩子送水果,一边唠叨他:"我们这么辛苦,你要是不好好学习,你要是期末考试考不到好成绩,对得起我们吗?"父母对孩子的爱如此功利,孩子又如何会喜欢这样的爱,又如何学会爱呢?所以,作为家长,无需做"伟大"的"讨好者",更不要和孩子进行爱的"交易",你只要真诚地表达你的感情:我愿意付出,但同时我也渴望得到他人的感恩回应,或许就可以让孩子的心敏感起来,学习体谅他人的感情,而不是躲在以自我为中心的保护壳中。

盖瑞·查普曼在《爱的五种语言》中将"肯定的言辞""精心的时刻""接受礼物""服务的行动""身体的接触"视为爱的五种表达方式。在我们家里,这五种方式也是我们维系亲密感情、营造和谐氛围的必备法宝。精心的时刻，是全家人共同参与家庭事务或休闲娱乐活动的时刻，其实我们家里进餐的时间就是一种精心时刻，大家一起围绕感兴趣的话题讨论甚至辩论，儿子与我们有平等的话语权，我们也非常重视聆听他的见解和感受，这对于强化他的主体性和归属感非常重要。再比如每晚临睡前我们家里都会有泡脚的环节，我们互相帮忙添热水，共同享受惬意的放松时光，每天都是儿子负责做最后的清理。精心的时刻与服务的行动完美融合，我们在心甘情愿地为家人服务的同时也感受到了自身的价值，感受到了家人对我们的爱。每当儿子有好的表现和行为，我一定不吝赞扬，会非常明确、非常真诚地表示我的感谢和欣赏。“你简直比按摩大夫都揉得好，妈妈的肩膀现在感觉轻松了好多，你真是太棒了！”“你每次洗碗都把灶台和地都擦得干干净净，干活利索，妈妈太省心了！”“这个帽子是我收到的最棒的生日礼物，我戴上它觉得好暖和！”孩子即使是高中生了，也依然很享受听到这样的表白，相信他的这些好的行为表现也会得到积极的强化。

家庭教育是在自然而然的家庭生活情境中进行的，生命教育、爱的教育和人格养成才是家庭教育的真谛。

（一　帆）

敢于坚持自己的观点

儿子上了初中以后，数学成绩一直在班级中等水平徘徊。有时候一些该做对的题目却错了，卷面上解题的地方明显出现修改过多次的痕迹。我耐心地询问他，他说一开始解答是正确的，但是仔细想想，又改了，没想到反而改错了。

和老师交流以后，发现儿子有时候缺乏自信，平时解题也是这样，他自己做对了，但是同桌或者其他同学一说他错了，他就开始怀疑自己是否真的错了，不再自信了，几次都把自己做对的改掉了，最后反而错了。

从那以后，他每次回家做数学题，我常选一两道容易错的数学题和他一起解答，有时故意答错，但和他争论起来头头是道。开始几次，他给我弄得无所适从，感觉他自己错了，跟着我的思路走，最后发现跟着我还是错了。几次以后，他吸取教训，不再相信我。但他为了说服我，先进行了深入思考和思路演绎，常常让我这“捣蛋鬼”败下阵来。

经过一个多月的训练后，他做题变得严谨起来，错误率明显降低了。那天放学归来，他高兴地告诉我：“今天课堂上老师出了一道选择题，其他同学都选了 B，只有我和少数几个同学选了 C，最后我们选对了。”

我故作疑惑地说：“你怎么不相信大多数同学的选择？”

“我看那么多同学和我选的不同，当时也怀疑自己是否错了，但是我把题目推演了两次后，就下定决心了。”

“是啊，就应该如此，当你对题目条件进行精准辨析并深入思考后，就应该有足够的自信。”我赞许地说道。

我继续说道：“陈景润在厦门大学读书时，怀疑数学界权威华罗庚《堆垒素数论》中存在错误，经过反复计算，终于认定自己的判断。于是他写了篇论文，并附一封信寄给华罗庚，信中将错误比作‘明星’上落下的‘微尘’。陈景润并没有因为华罗庚是权威而放弃指出其错误，我们该为他的无畏精神喝彩。你解答题目也一样，要深入分析各项条件，然后充分运用自己的智慧，做出最准确的判断，这时候你才会有足够的自信，才有敢于坚持自己观点的勇气。”他听了频频点头。

从那以后，儿子无论是学习还是做事，都不再畏畏缩缩了，即使遇到挫折也会迎难而上，也有了勇于再试一次的勇气。自信，何尝不是他一生的财富呢？

（陆　漪）

第5章　学前教育

父母要用积极的语言为幼儿赋能

我们说,好水养好鱼。每个家庭犹如那一池水,而孩子就是生活在池中的鱼儿。池水如果清澈明净,那么鱼儿会活跃健康,相反,如果池水不洁净,鱼儿也会生病。而父母的积极语言就像是池水的清洁剂,让家庭氛围更加和谐温馨,是孩子健康成长的重要因素和基础。

很多家长虽然意识到家庭环境尤其父母与孩子沟通方式的重要,但是在实施家庭教育的过程中,却缺乏具体的科学方法,经常在实际生活中有意无意使用消极的语言和方式与幼儿沟通。比如孩子犯错时不分青红皂白地批评,当孩子表现不理想时满是抱怨指责,甚至有些家长当孩子稍有失误时就谩骂甚至殴打,给孩子带来极大的身心伤害。我曾见过一个五六岁女孩走在爸爸前面,因为爸爸抱着小弟弟看不到前面的她,于是撞到了她,边上的妈妈看到后马上批评:你看你,为什么要走在前面,差点让爸爸摔倒。女孩子很紧张,赶紧跑到爸爸旁边。我以为事情就此结束,谁曾想妈妈并没有停下,继续批评女孩。我几次回头看到的都是女孩沮丧的样子和胆怯的眼神,面对妈妈的唠叨抱怨不辩解不回应。我想她已经启动了身体的自我保护机制,与妈妈之间的沟通路径似乎堵塞了。

那么生活中，我们在与孩子沟通时到底需要注意什么，如何与孩子进行积极沟通，从而为孩子成长赋能，让他们感受到被爱，被重视，感受到自己与父母的沟通之门一直打开着？这就需要我们家长更多运用沟通技术与孩子有效对话。

一是敏感回应。随着手机在我们生活中的作用越来越大，父母经常沉浸在手机中而忽视孩子需求。我曾经在高铁上看到一名五六岁男孩与妈妈一起乘车。上车后妈妈把一些吃的放到小桌板上后低头玩起手机。男孩一边吃一边看着窗外惊奇地说："妈妈，你看外面有挖土机。"妈妈头也不抬地"嗯"了一声。"妈妈我也要玩手机。"男孩有点着急了，妈妈依然自顾自玩，没有回应。孩子无奈开始吃西瓜，一边吃一边轻声地说："我要吃西瓜。"妈妈头也不抬说了一句："你能不能不吵呢？"孩子回答："你不跟我玩，我能不吵吗？"但是妈妈并没有感受到孩子期待妈妈的陪伴，依旧继续自己玩。"妈妈，还有几分钟啊？"男孩又问。"一小时。""一小时是几分钟？""你烦死了，躺下睡觉。"妈妈终于放下手机，把孩子按在自己腿上，希望他睡觉。而我们来看看另外一个妈妈对孩子的回应。孩子在画画，妈妈坐在旁边静静地看着他画，满眼温和。过一会，孩子画了一轮绿太阳，满怀惊喜地告诉妈妈："这是春天的太阳"。妈妈满怀欣喜地回应他："这一定是春姑娘精心描画的，会给我们更多的绿意，你是怎么想到的啊？"孩子得到回应后开心地向妈妈介绍他的创意，然后心满意足地继续画。妈妈则耐心地与孩子互动，母子俩沉浸在温馨欢乐的氛围中。我想这对母子的亲密关系会在这样的积极回应中长久保鲜。

二是理解认同。经常表达对孩子的认同，有助于孩子形成积极的自我认知，增强自信心、自尊心等。如很多幼儿会为一只死掉的小鸟或者一朵被摧残的小花感到伤心，家长就会赶紧说：“哎呀，有什么好难过的，不就是一只小鸟一朵小花吗，小题大做。”如果孩子不听，还是觉得伤心甚至哭起来，家长就会觉得孩子无理取闹：“你看看你，这有什么好哭的，不要哭了。”这就是家长没有认同并尊重孩子的感受，还阻止孩子表达情绪，久而久之，孩子情绪会低落，甚至忧郁。如果家长这时能换位思考：“小花蔫了，小鸟死了，你看上去很难过。接下来你想怎么处理呢?”这样的说法可以让孩子觉得家长真的理解自己，会感到安慰。家长给予孩子足够的理解和认同，会让孩子感受到家庭的温暖和来自父母的支持，内心会更加丰盈、富足，更有动力去探索、成长，人际交往也会更有安全感，长大后情绪也会趋于平和稳定。

三是包容肯定。许多父母很想激励孩子、表达对孩子的期望，但是他们惯用打击式教育：“你看看人家谁谁谁多认真多努力……”“你怎么这么不懂事……”好像不管孩子做得怎么样，都不能让家长满意。总是被父母比较、挑剔的孩子，很容易形成消极的自我认同和自我判断。

其实所有的孩子都渴望得到父母更多的肯定。孩子两岁前就会通过言行举止观察父母的反应，对于父母表示肯定的行为或事情，孩子会重复做。盲人女孩吴晶小时候在水池边玩皮球，不小心把皮球扔到房顶，然后自己一个人摸索着上去捡球，还触碰到电线杆。面对她这样的危险举动父亲没有严厉呵斥她，而是肯定她的勇敢，并充满耐心地引导她，让她通过耳朵听，通过双手去摸，感觉这个世界的一切。于是，她在学校里面翻双杠，站在上面，从这头走向那头，还学会了爬到升旗杆上，倒挂而立……父母的睿智为双眼失明的吴晶打开了黑暗中通往世界的大门，帮助她成为亚运会冠军、世界著名的盲人音乐家、作家。所以，父母的肯定会给孩子更多的信心和勇气，让孩子有足够的底气去探索未知的世界，孩子也会感受到来自父母的爱和关注，不断提升自我价值感。

四是启发鼓励。有些父母总会让孩子按照自己的意愿去行事，忽视尊重孩子的个性和选择，而家庭教育中需要父母不断鼓励孩子追寻自己的兴趣和梦想，遇到困难多去尝试。美国历史上著名的政治家和律师亚伯拉罕·林肯在读小学的时候成绩并不好，但他母亲一直给他施加鼓励。她鼓励他阅读，探索新的兴趣爱好，并相信他有能力成为一个伟大的人。这份母爱给了林肯内在的信心和力量，也最终成就了林肯成为历史上最有影响力的人物之一。我们在鼓励孩子时可以怎么说呢？这需要客观描述孩子的正面行为，并询问他是怎么做到的、感觉怎么样？并激励他继续尝试或进一步努力。如："宝贝，妈妈注意到你考试比之前进步了，你是怎么做到的？""宝贝，妈妈看你刚刚把地上的垃圾捡起来，然后丢垃圾桶里去了。""妈妈相信你能合理安排时间"等等。孩子的成长之路，需要的是引导、鼓励，而非强制命令。只有在父母真诚的鼓励下，孩子才能在爱与支持中找到更加明确的方向，并通过努力绽放出自己的光芒。

五是赞美欣赏。欣赏孩子就是要看到孩子的优点并且多表扬他们。很多父母都会忽略孩子的优点和进步，对孩子缺乏欣赏，甚至总是抓住并放大孩子的缺点，让孩子对父母产生对抗心理或因缺乏自我认同而自卑。有个妈妈总是在朋友面前抱怨孩子长相一般、胆小、不够大方，孩子真的就在很多场合变得胆怯退缩。后来一次偶然的机会，妈妈的朋友跟她说:“你女儿非常秀气,性格温和稳重,你不要总是用别人的审美评价孩子。”在朋友的引导启发下,妈妈意识到自己对孩子缺乏发现美的眼睛,逐渐改变自己与孩子的对话方式。一段时间后,小姑娘开始在人前叽叽喳喳说个不停,那份自信让她看起来光芒四射。

有人说,孩子的未来在父母的嘴里。因此,用积极的沟通语言与孩子交流会让孩子努力做到更好。

(孙海荣)

图画书释放的早期育儿智慧

图画书也称绘本，因为对学前教育的高度适应性，近年来得以迅速发展，不仅从家庭到幼儿园，还延伸到小学、校外培训机构，甚至已经成为成年人的情感教育、心理疗愈的特殊资源。

图画书在欧美等发达国家学前儿童的读物中，占有70%的比例，被公认为是儿童早期教育的最佳读物。它用图画与文字共同叙述故事，其中图画占着非常重要的分量，有些图画书甚至只有图画，没有文字，被称为“无字书”，但一样有生动的故事情节，即使不认字的婴幼儿，也能通过读图猜解出画面的大意，非常符合儿童的认知发展特点。

近年来脑科学研究发现，图画书阅读对开发神经元之间的连接有很大帮助，阅读越多，神经元的连接就越密集。越来越多实例显示，早期阅读图画书的儿童，在语言能力、逻辑思维能力、审美能力和创造力等方面都有更好的发展。正因为如此，近年来幼儿园和小学课堂把图画书作为教学资源，在读写教学、艺术课堂、科学课堂、活动课堂推广使用。越来越多的教育者（包括家长）也开始喜欢图画书，正是看到了图画书对孩子学习上的帮助和教育上的价值。

其实，图画书对孩子身心发展的影响是深远的、全方位的。

第一，图画书非常“好玩”，能够调动孩子的阅读兴趣。比如荷兰画家迪克·布鲁纳创作的经典图画书“米菲系列”。“米菲”采用适合幼儿阅读的最简单的图画元素，线条单一，粗粗的，很匀净，颜色是最简单的红色、绿色、蓝色、黄色和白色等纯色块；故事简单直观，贴近生活，诸如小孩子的刷牙、穿衣服、骑自行车等日常生活中最平凡的事情，都通过可爱又简洁的画面表现出来。任何一个国度的孩子都能轻易"读懂"，甚至几个月大的婴儿都能看明白图画中的故事。

第二，图画书主题多元，能够引发多层面的思考。以经典绘本《逃家小兔》为例，初看《逃家小兔》就是一个小兔子和妈妈玩语言捉迷藏的简单的"追逐游戏"：

从前，有一只小兔子，他很想离家出走。有一天，他对妈妈说："我要跑走啦！""如果你跑走了，"妈妈说，"我就去追你，因为你是我的小宝贝呀！"

……

故事看起来很直白，情感却很强烈，内容也一点都不简单：兔妈妈对变来变去想要"跑走"的小兔一直是在无限地接纳，这是妈妈对孩子"无条件的爱"的表达；而小兔的变来变去，似乎在对兔妈妈进行着不断升级的爱的试探——试探妈妈到底有多么爱他，而兔妈妈的回答正是小兔想要的，那就是绝对的永恒的爱的承诺。这是孩子在建立"安全依恋关系"的过程中最重要的心理需求！

第三，图画书的表达方式多样，优秀的图画书不单是一本读物，也是一件艺术品，能够培养孩子的想象力、创作力和审美品质。

例如著名图画书大师安东尼·布朗和夫人合作的杰作《一起玩形状游戏》。这本图画书从内容到表现形式都非常有创意：我随意画一个形状，你来加上几笔，变成一个新图案……你来我往，永远玩不腻地玩下去；图画书采用综合媒材，有彩铅、砂纸拼贴、甚至拿包装纸、硬纸板和小树枝直接贴在图画中。阅读这样的图画书,会激发出无穷的想象力、创造力和审美能力。

第四,图画书帮助孩子提升阅读技能。

图画书中的故事往往是"儿童视角",从孩子的角度,呈现儿童的生活,有趣味无穷的情节和出人意料的结尾。亲子共读时如果有意在这些紧要关头停一停,让孩子预测一下故事的发展、猜一猜故事的结尾,既增添阅读趣味,也有助于发展孩子的逻辑思维能力。

比如《金牌明星乔治》里,长颈鹿乔治信心满满地参加"梦幻天堂"野生动物公园的"金牌明星大赛",比赛前他在家里把展示"金牌明星奖牌"的栅栏都准备好了。可是,大赛的四项大奖一项一项被别人获得,乔治什么奖也没有拿到!乔治很失落,不料这天夜里,他竟然发现自家的栅栏上挂满了光芒四射的奖牌……

图画书中的插画有非常丰富的信息,通过图画细节的阅读,去推测作者没有明确表达的信息,既训练思维能力,也是美的熏陶。

第五,图画书更接近于真实的阅读。一本图画书从形式上看,从封面、前后环衬、内页正文到封底,有作者(包括译者)、出版社等信息;从内容看,一本图画书讲述一个故事,有完整的情节结构,有一个或多个人物形象,等等,是孩子可以轻松接受的整本书的阅读形式。孩子从这种早期阅读中获得的阅读兴趣、养成的阅读习惯,可以逐步发展成为自主阅读能力,使他们成为一个终身读者。

二、图画书的适读性

图画书在很多人眼里是适用于早期教育阶段的幼儿读物,事实上,它是0~99岁都适读的书。著名儿童阅读推广人阿甲老师说："好的童书往往都是假借儿童的名义，讲给所有人听。"

当然，图画书首先要适合儿童阅读。即便如此，成人，尤其是作为父母，在图画书中重返童年，和孩子一起遇见童年，读懂孩子，同时读懂自己，也是非常美妙的成长体验！

好故事都有着启发人思考和想象的力量，特别是大师们精心创作的经典绘本，孩子读到的是美和趣味，成人获得的是思想上的启迪和心灵上的洗礼。

比如《朗读者第三季》第四期节目中，央视著名主持人康辉眼含泪花，深情诵读日本著名绘本作家佐野洋子的经典绘本《活了一百万次的猫》，打动了屏幕内外的无数人。这是图画书故事给成年人的精神洗礼。

三、亲子阅读——最好的陪伴

20 世纪末新西兰教育家霍德威率先提出亲子共读这一概念，把亲子共读解释为成人和幼儿之间互动式的阅读方法，是指在良好的、平等的氛围中，成人和幼儿借助阅读材料进行的游戏式的活动。从亲子共读的目的方面，霍德威指出亲子共读是父母与孩子基于温馨、快乐的氛围共读故事书，其目的在于促进亲子之间一起感受故事，体验故事的氛围，在快乐中学习。

开展亲子阅读的最佳时期是婴幼儿时期，孩子出生时就可以开展亲子阅读。现代家庭教育倡导父母对孩子的陪伴，亲子共读应该是非常重要的陪伴方式，毫不夸张地说，应该是最好的陪伴方式。

亲子共读的亲密感，会带给孩子安全感和信任感，借由共读分享阅读的感动和乐趣，对孩子来说既是一种学习也是一种娱乐，带给孩子喜悦和满足感；对于父母，借助阅读的即时分享交流，是亲子之间情感、心灵的沟通，是增进亲子关系的“高光时刻”。让孩子躺在父母温暖的怀抱中听故事，那是最亲密的亲子时光。有故事角色的引领，有父母温暖的陪伴，孩子的优良品质的形成和爱的能力的发扬，也是最见成效的机会。日本“绘本之父”松居直曾经说过：“念书给孩子听，就好像和孩子手牵手到故事国去旅行，共同分享同一个充满温暖语言的快乐时光。我用自己的声音、自己的语言讲了那么多故事，意义在哪里？我发现，透过这些书，我已经在他们小的时候，把作为父母想对孩子说的话都说完了。”

早期阅读不仅仅是对孩子的语言文字能力的积淀、思维品质的培养，更是对人格的完善和对心灵的滋养。

陪伴孩子阅读，是陪伴孩子心灵成长的过程，同时也是父母自身的成长过程。所以，阅读其实已经不只是阅读。作为早期教育的一种途径，以图画书为媒介，去深挖教育资源，聚焦儿童心理健康及全面发展，提升父母养育智慧，立足亲子关系及家庭教育建设，进而联动家校共育力量，形成社会主义家庭文明新风尚。

（孙 岫）

家长当得好不好，看这四个区分就知道

“生活即教育，教育即生活”是人民教育家陶行知教育思想的核心，强调了教育和生活密不可分，教育应当源于生活，融入生活，服务于生活。作为幼儿家长，我们该如何做到生活即教育，教育即生活呢?

1. 区分“自己的事”和“孩子的事”

六个月以后的幼儿开始逐渐发展出自主的意志和行动，他们开始喜欢攀爬探索，抓取物品等等。

这时大人要做的就是不要总是把他抱在怀里控制他，不要总担心会磕着碰着，而是在确保孩子安全的情况下，辅助孩子去探索，去爬行，提供各种不同材质的物体让孩子去抓取，感受物体不同的形状、不同的重量、不同的质感和温度，甚至用一些玩具吸引孩子爬行，大一点之后，制造障碍让孩子爬行……孩子在探索的过程中触觉能力、观察能力、前庭平衡能力、运动能力等都会得到相应的发展。

吃饭、如厕、穿衣、扔垃圾、自己收拾玩具等等，都是如此。虽然孩子小，他们开始学做这些会给大人增添很多麻烦，但是，如果我们为了自己的方便而人为阻碍孩子的探索和锻炼的机会，孩子的能力就难以发展。家长适时放手，反而更加贴近孩子的最近发展区，贴近孩子的实际需求，可以激发孩子的兴趣和主动性，从而实现更加有效的教育。

2. 区分“我帮你做”和“我教你做”

小孩子就喜欢在家里玩各种玩具，一不小心，小汽车呀，球呀就会滚到沙发下面、家具下面。家长看见了，最直接、最

省事的方法就是拿到东西递给孩子，这样，如果总是“我帮你做”，我们会发现，东西一不见了孩子就会找大人，难以形成自主解决问题的能力。

航航大概2岁左右的时候也经常把球、小汽车等弄到沙发下，我让他看我用鸡毛掸把它掏出来。然后我故意把球或者小汽车再推进去，让孩子自己拿着工具试着把它拨出来。虽然很费劲，可是孩子非常乐意，掏出来他会非常开心。有时，刚掏出来，自己又把它弄进去，然后再去掏，如此反复，乐此不疲。下次再出现玩具“跑到”沙发下、柜子下，他就会自己解决，而不是一味依赖大人。孩子在生活中所经历的各种事情，所面对的各种问题，都可以成为教育孩子的素材和机会，更容易引发孩子的兴趣和探索的欲望。可以在实际生活体验和实践操作中培养孩子解决问题的能力，增强自信，促进其全面发展。

3. 区分“被动识字”和“主动识字”

小雨从小就是爷爷带的，爷爷非常重视孩子的教育，很早就买来识字卡片，每天带着他认字，大班结束他已经能认识近2 000个汉字。但是，孩子很少会主动阅读，似乎对书本也不是很感兴趣。经了解，孩子只是通过识字卡片认字，没有和生活、阅读进行很好的串联，孩子没有感受到汉字的美妙和用处。

皮皮大概在2岁的时候，一天，妈妈在看书，他突然指着书上的“一”大声地念出来，然后还翻了很多页找到了“一”，他很惊喜，妈妈读的书上还有他认识的字。他开始对文字产生了浓厚的兴趣。妈妈开始买识字卡（一面汉字，一面象形字）教他，还教他认他玩具的名字，介绍他喜欢的零食标签上的文字，外出散步、游玩，商店名、超市名等都成了他识字的材料，因为这些都是他感兴趣的事物。每天睡觉前亲子共读的时间，他开始慢慢参与阅读，不认识的字妈妈读，他认识的字他读，就这样，不知不觉他认识了很多字。现在大班，他已经能够独立阅读一些玩具的说明书和绘本。

生活处处可识字，处处需要用汉字，抓住孩子识字敏感期，使孩子养成在生活中主动识字、用字的习惯，满足孩子的表现欲，将识字和生活、阅读紧密相连，激发孩子的探索欲。

4. **区分“被动阅读”和“主动阅读”**

现在很多家长都很重视孩子的阅读，都会在孩子很小的时候开始给孩子阅读绘本或故事。

叶叶妈很忙，只要有时间就会给孩子阅读或者用手机等让孩子听故事，不管孩子在做什么。孩子有时也会主动要求家长讲故事，也会翻看图书，可是让她苦恼的是孩子常常只是翻看，只是关注里面的图画，不管在家还是带她去图书馆，孩子一会儿翻翻这本，一会儿看看那本，很少静下心把一本书看完。上大班了，只喜欢听家长读故事而不喜欢自己看书。这到底是为什么呢？究其原因，主要有时间不固定、妈妈在阅读时没有考虑孩子的需要，没有帮助孩子建立图和文字的关系等原因。

皮皮和叶叶一般大，皮皮妈每天会在固定的时间和睡前把孩子抱在怀里一起阅读，家长一边手指字一边读，孩子喜欢看图，家长会顺着孩子手指的地方拿着孩子的小手指指图，再指指文字，重复相关内容，甚至以游戏的方式夸张地互动，慢慢地孩子发现妈妈的语言和图、文字之间是有联系的，他也就开始慢慢关注书上的文字，特别是他喜欢的内容他会每天都要妈妈给他讲。慢慢地妈妈发现他竟然会有模有样地拿着书，一边翻一边讲，竟然把整个故事都讲出来了。妈妈非常欣喜抱着儿子亲了又亲。现在上大班了，很多绘本孩子都可以自己阅读了。

要想让孩子由被动阅读到主动阅读，需要做到以下几点：

(1) 家长要做到定点定时；

(2) 最好有身体接触；

(3) 尽量做到绘声绘色、语气夸张，适当加上动作，或者把孩子的名字带入其中增强趣味性，让孩子充分发挥想象力；

(4) 让孩子猜故事情节或人物心情、语言，引导孩子推理、思考与表达；

(5) 适时提问；

(6) 家长要坚持，做好榜样，营造好的家庭阅读氛围，最好有交流的时间，分享阅读感受。

生活的每一个细节都可以成为教育的素材，只要家长珍视孩子生活中的每一个机会，将其转化成教育的资源，不仅可以提升自己，还能更好地帮助孩子。愿我们每位家长都成为生活的有心人，都成为孩子的第一任好老师。

（毕　荣）

塑造幼儿阳光心态

《幼儿园教育指导纲要》明确要求："要培养幼儿坚强、勇敢、不怕困难的意志品质和主动、乐观、合作的态度。"幼儿时期是人生的关键时期，也是心理问题易发期。幼儿时期的心理创伤往往会对其今后的成长和发展产生深远的影响。因此，塑造幼儿阳光心态至关重要。同时，幼儿期也是形成良好习惯和行为模式的重要时期，如果在这一阶段能够给予适当的心理支持和指导，有助于幼儿养成积极健康的心态和行为方式，为其未来的发展奠定坚实的基础。

一、磨炼，意志才更坚强

"宝剑锋从磨砺出，梅花香自苦寒来。"这句话对于幼儿来说，似乎有点不太适用。因为传统观点认为幼儿的大脑发育还不完全，身体也没有强壮到可以支撑起一个人的身体所需。所以，幼儿应该像花儿一样，生活在温暖舒适的环境里，而不应该去经受风吹雨打。在现实生活中，父母们也的确都把自己的孩子视为掌上明珠，对他们宠爱有加，生怕孩子受到一点磨难。但长此以往，孩子就会变得软弱和怯懦。

孩子还小，如何磨炼孩子，培养孩子不怕吃苦、坚忍不拔的意志？针对幼儿的年龄特点，建议在活动中渗透劳动教育，构建孩子阳光心灵的坚实基础。

1. 通过日常谈话活动，让孩子了解劳动的意义

可以通过分享感人的劳动故事，让幼儿体会到劳动者的辛苦，从而激发孩子热爱劳动的情感，帮助孩子从小树立良好的劳动观念。

2. 创设主题墙,表达孩子对劳动的喜爱

开展“劳动最光荣”主题活动,组织孩子用自己的双手,创造性地表现自己对劳动的理解,向默默奉献的伟大劳动者致敬,并将幼儿的表达通过主题墙的形式展示,激发孩子感受劳动的艰辛与伟大。

3. 通过参与劳动让孩子形成自立自强的优秀品质

孩子午睡起来后,我经常引导他们自己起床穿衣服、系鞋带、整理被子等。在孩子们忙完之后我会说一句:“你们辛苦了!”并不忘给孩子们一个大拇指,还邀请他们看自己的劳动成果,并请孩子们比较整理之前和现在比有什么不同。孩子都会自豪地说:“变干净了! 我长大了,能帮助集体做事了!”有时我也会组织孩子和我一起去拿玩具,拿回来之后,我会做出很累的样子,孩子们都会关心地问我:“老师你累了吗?”我连忙点点头,孩子们都会很乐意地帮我拿东西。我便让他们帮忙拿一些,有的孩子小脸红红地说:“老师真累呀,东西这么重,老师要拿好远呀!”我知道孩子们已经粗浅地懂得了劳动的意义了。我还积极引导孩子在家要做自己能做的事情:叠被子、擦桌子、洗碗、拖地,为父母揉揉肩,跟家长学做一道菜,来体会家长的艰辛,也体会劳动的快乐,并让家长们拍照发到群里边,让孩子看到自己劳动的场景,使他们拥有美好的回忆。

二、耐挫,成长才更全面

耐挫能力即忍受挫折的能力。工作中,我主要通过以下方法培养幼儿的耐挫能力。

1. 适当留些难题给孩子解决

平时,我们不能为孩子包办一切,适当留一些孩子通过努力能坚决的难题,让他们跳一跳,就能摘到桃子,以此提高孩子的心理承受能力。比如:引导孩子自己穿衣服。刚开始有的孩子不会拉拉链,不会穿袜子,我便手把手教他们,教过之后让他们自己尝试。在一次又一次的练习之后,有的孩子仍然会衣服着整地站到我面前来。我都会主动表扬一句:“你真棒!”并随手帮他们整理好不太整齐的衣服,让他们到衣镜前欣赏自己的杰作。看到成功的自己,孩子们会开心得手舞足蹈。

2. 适时批评让孩子感受风雨

生活中,人们总喜欢表扬孩子的优点,不大批评孩子的缺点,害怕孩子受委屈,这对孩子的心理成长没有益处。工作中,我以“知错就改值得表扬”为标准来肯定孩子勇于承认错误的行为。

有一次,班级的芷嫣正在图书角看图书,看着看着她突然把图书撕了。我便拿来胶水和纸要求她把图书修补好。一开始孩子哭着不肯补,我便耐心地教育她损坏东西是错误的,犯错误改正了就还是好孩子。终于,她慢慢地拿起了胶水,过了好一会,她终于把书胶好了,高兴地拿来给我看,我顺势夸了她一下。我认为,这件事中必要的批评和惩罚使孩子在悔悟之中锻炼了自己的承受力,同时又养成了良好的习惯。

3. 经受失败增强心理抗压能力

俗话说得好:失败乃成功之母。孩子经历了失败,才能体验成功的艰辛。

教学中,我组织孩子拼图、玩玩具、做游戏时,总会设计一些高难度的动作,让孩子体验失败,并让不同的孩子说一说此时的心理感受,时机成熟后,我便教给孩子解决问题的方法,并让一个孩子示范,其他孩子观察,成功后让个别孩子说一说解决问题的过程，借机养成幼儿克服困难的勇气，培养孩子们勇毅顽强的心理素质。

三、自信，未来才更阳光

自信，心灵才更阳光，那么如何帮助孩子从小树立自信心呢？工作中，我认为应做到以下几点：

1. 赞赏每个孩子，让孩子感受师爱阳光

自信是成功的一半。作为教师，在集体面前要注重言谈举止，切勿对反应较慢的幼儿使用“你真笨”“你真没用”等等刺激性的语言评价他，要设法从多方面发现孩子的闪光点，着力培养他们健康的、积极的思想认识，创设机会，让他们回答一些简单的问题并及时鼓励与表扬。

2. 接受每个观点，让孩子体验表述快乐

争论，是孩子们坚信自己正确的一种表现形式，整个过程折射出孩子们智慧的火花。如何处理幼儿的争论，是关系到幼儿求知兴趣能否被激发的重要途径。当幼儿带着希冀向老师提出他心中的问题时，我们要倾听他们的叙述，对有异议的幼儿要给予适当的鼓励并引导他们正确机智地回答问题。

一次，我对班级的自然角进行了一次充实，家长们积极配合，为孩子准备了各种花草、水果、小动物等等。我发现，孩子们对乌龟、小蝌蚪等特别感兴趣，早晨来园后，许多孩子都要围上一圈，评头论足，说上一番。忽然有一天，匡杰等几名先来园的小朋友跑来告诉我：“韩老师，不好了，一个小蝌蚪的后腿变短了！”接着，孩子们就争论起来了，有的说是被旁边的大乌龟吃了，有的说是半夜里爬出去了。孩子越聚越多，都围到了自然角前面，你一言我一语，发表着自己的观点。看着孩子们的求知欲这么强烈，我静静地听着，不时地表扬、引导。就连那些平时对活动参与热情不高的孩子，积极性也一下子提高了。

我们用发展的眼光看待每个孩子，看到孩子本身的努力和进步，尊重和保护孩子的心灵，就能使不同幼儿在各自不同的起点上都能充满自信地愉快嬉戏、专心学习，促进他们全面、和谐地发展。其实，一声惊喜的赞叹，一个微笑，一次点头，对他们来说都是莫大的鼓舞。

（韩　静）

我和儿子有个“秘密基地”

家里有一本特殊的本子，挂在我的床头。说它特殊，是因为这个本子里，有儿子小屹写给我、画给我的心里话，有我写给小屹的悄悄话。它是我和小屹的“秘密基地”。

说起这个本子，还有一个小故事。

一天中午，爷爷奶奶辛辛苦苦做好一桌饭菜，喊我们吃饭。小屹却沉浸在奥特曼玩具中，对于爷爷的话充耳不闻。看到爷爷叫不动小屹，我就厉声道："吃饭啦，吃完再玩！"小屹听出我的不高兴，一边回应"来啦"，一边做着鬼脸，并以夸张的姿势走向餐厅——把腿踢得很高，两只小胳膊和身体甩成九十度。看到他这副滑稽的模样，我们都禁不住笑了起来。可就在这时，由于腿踢得太高，小屹的一只鞋子飞了出去，不偏不倚掉进了餐桌上的汤碗里。面对这个意外，我们瞬间愣住了，然后手忙脚乱地清理狼藉的餐桌和被溅得满是汤汁的墙壁、地面，奶奶一边清理一边生气地说："在家里怎么能把腿踢那么高呢，好好的汤全都浪费了……"小屹一直愣在餐桌旁，不敢出声。收拾完一切，我十分生气地把小屹拉到房间，关上门，训斥道："你是不是故意的，觉得这样很好玩是不是？'锄禾日当午'都白学了吗？爷爷奶奶做饭那么辛苦，你这样他们很伤心。"小屹怯生生地跟我说："我不是故意的，我也不知道鞋子会飞出去。"我不依不饶："那你为什么不好好走路，把腿踢得那么高干吗？"小屹憋着小嘴，掉下了眼泪。"去跟爷爷奶奶道歉！"我命令道。好久，小屹才平复好情绪，回到餐厅，向爷爷奶奶真诚地道了歉。午饭后，小屹回到自己的房间，把房门轻轻关上了。我有些怅然若失，我想自己是不是批评得太重了。

那天，我们没再说话。

第二天一大早，小屹好像已经忘记了昨天的不愉快，兴冲冲跑到我的房间，奶声奶气地跟我分享昨天幼儿园的趣事。听着他饶有兴致的讲述，我鼓起勇气决定跟他道歉。开怀大笑后，我对小屹说："对不起啊宝贝，昨天妈妈发火有点过了，说话语气太重了。"小屹云淡风轻地说："昨天中午的事情啊，我把鞋子踢到汤碗里确实不对，但是妈妈，我真的不是故意的，我不知道那样鞋子会飞出去。"看着小屹萌萌的样子，我更加后悔了，小屹还没到能够判断出那样走路会把鞋子踢飞的年纪，面对这次意外，如果当时我不是一味地责怪他，而是适当批评，然后趁机教育他运动方面和力学方面的知识，结果一定会截然不同。

"其实，妈妈昨天就认识到自己不对了，想跟你道歉的，但是有点不好意思开口。"

"没事的，妈妈，我认识到自己的错误了，但是就是觉得你太凶了。"

"妈妈凶起来是什么样子啊？"

"有点吓人，我画给你看……"

"嘻嘻，要不我们弄个小本子挂在我床头啊，有的悄悄话我们没时间当面说或者不好意思说，就写到或者画到小本子上？"

"好啊！"

就这样，我们的"秘密基地"诞生了。

后来，"秘密基地"里装满了小屹和我的小秘密。

小屹是男孩，以后他会慢慢长大，还会经历叛逆期、青春期，也许那时他会有更多话不好意思当面说，希望我们的"秘密基地"能一直存续下去并不断完善，也希望我和小屹一直做真诚的朋友，分享内心的感悟……

（杜　静）

第 6 章　家庭生活

孙子教我下围棋

2024 年我在南京同儿孙一起过春节。这是我平生第一次没有在老家过春节。刚到南京时，孙子就对我说："爷爷，下围棋吗?"我笑笑说："你会下围棋?"孙子说："会啊!"我想，孙子在读幼儿班，就开始学习围棋知识了吗? 大城市的教育与乡下就是不同啊! 我对孙子说："爷爷还不会下围棋呢，你教教我?"孙子听了我的话，非常有成就感，满口答应，愿做我的围棋"启蒙老师"。于是，孙子拿来围棋盘和围棋子，黑白棋子分装的，共两个袋子，一人一袋。孙子打开棋子袋子，他用的是黑子，我用的是白子。一切准备妥当，孙子开始教我下围棋。

于是，孙子对照棋盘，给我讲围棋棋盘布子方法，下棋时，棋子要下在交叉点上，拥有黑棋子一方先下子，接着白方下子，两人轮流下子，棋子下到棋盘上，不能移动，一直下到结束。我问孙子："如何决定胜负啊?"孙子说："就是看最后谁占的交叉点多，谁能把对方围住了，谁就胜。但老师说了，黑棋先走的，要占有 184 个点为胜；而白棋后走的，只要占有 178 个点就胜。"

我了解了布棋子的方法，就与孙子对弈起来。孙子俨然像个围棋大师，一招一式头头是道，不停地跟我讲一些下棋术语。如"连"，就是要把自己的棋子连在一起，成为一个整体，但横是连，竖是连，斜线不算连；“断”，就是把自己的棋子下在对方的连接点上，把对方的棋子断开；“气”，一个棋子，下到棋盘就有“气”，与这个棋子靠近的上下左右就是棋子的气，有的棋子有多口气，几个棋子连在一起算气要将几个棋子的气加起来算；“吃子”，如果对方棋子只剩下一口气，而对方没有办法或不想办法去救，就把棋子下在对方棋子的最后一口气上，让它“断气”，然后，把断气的棋子吃去……孙子不停地讲解，让我收获很多，也让我惊叹大城市的教育理念就是不一样。

在南京的一周，陪孙子下围棋，实在是一种乐趣。在下棋中，我鼓励孙子，要学会下围棋，它是一项体育活动，学会后，可以参加各种围棋比赛，可以为国争光，可以认识许多朋友，可以开发智力，对学好数学也有帮助，能发挥思维力，让课余生活更加丰富多彩。

对弈中，我问孙子："你喜欢下围棋吗？"孙子说："可喜欢了！"由他较为熟练的围棋知识来看，孙子对围棋真的很感兴趣。兴趣是最好的老师，我们做家长的，一定要遵从孩子的兴趣爱好，不要强迫孩子去参加这样那样的兴趣班，应选孩子最感兴趣的活动去参加、去培养孩子，这就是最好的家庭教育。现在，我家儿子儿媳，已为孙子报了南京围棋兴趣班，孙子很乐意去学习，我认为就是培养孩子的个性特长。

经过与孙子的几次下棋，我深知围棋真的是一种开发孩子脑筋的游戏，围棋中的数子、点目，有助于孩子学会数学与计算；围棋中的术语、名词，有利于孩子口语表达能力的培养；围棋中的复盘知识、战术运用，锻炼了孩子的记忆力，拓展了孩子的思维能力；围棋的胜负，培养了孩子胜不骄傲、败不气馁的良好品质等等。我认为围棋最大的好处除了能开发孩子的智力外，更能让孩子平时坐得住，远离沉迷手机网络等不良习惯。

（周祝君）

满天的乌云散了

“妈妈，我想看电视。”6岁的阳阳跑进厨房，扑闪着大眼睛，撒娇地望着妈妈。

“中午看什么电视？去去去，别来添乱。”正在烟熏火燎之中煎着鱼的妈妈，火气也大，她瞅都没瞅阳阳一眼，就大着嗓门吼了回去。

阳阳吓了一跳，眼眶瞬间就红了，噘着小嘴耍起赖皮：“我就要看！我就要看！”

妈妈的火气更旺了，高声怒斥道：“你这孩子怎么不讲道理？我们不是早就说好了晚上才能看电视吗？说话不算话，不是好孩子！”

阳阳听到妈妈说他不是好孩子，越发生起气来，拿着手中的赛车就去敲电视的壳子，很气恼地叫嚷着：“不让我看，我就把电视砸了。”

“阳阳，你干啥？砸电视，活得不耐烦了！”妈妈又要顾着锅上的鱼又要管教阳阳，火气腾腾腾直往上冒，听到阳阳砸电视的声音，她再也忍不住了，冲出厨房拽过阳阳，“啪”一巴掌就打在了他的小屁股上。

“哇…”阳阳放声大哭，却还直着脖子边哭边犟道，“有本事你就杀了我！”

“好，好，那我就杀了你。”妈妈如一头狮子猛地冲进厨房，拿了菜刀就奔了过来。

看着亮闪闪的菜刀，阳阳终于害怕了：“妈妈，我不看电视了。哇……”

儿子可怜兮兮的哭声像一盆冷水从天而降浇醒了妈妈，也像一把尖刀深深地刺痛了她的心。妈妈深深自责起来，走进厨房关了灶火，然后迅速把阳阳抱进怀里，坐到了沙发上。

阳阳还深陷在恐慌和伤心之中，小肩膀不停地抽搐着，眼泪鼻涕流了一脸。妈妈的心更疼了，她拿过抽纸，轻轻地擦干净阳阳的小脸，然后一下一下拍着阳阳的背，柔声安慰着："阳阳别怕，妈妈是吓你的，你是妈妈的宝贝，妈妈怎么舍得杀了你呢？"同时在思考怎样弥补自己的冲动对孩子造成的伤害，怎样通过这件事情教育孩子。

良久之后，阳阳终于渐渐平静下来，止住了哭声。

"来喝点水吧，你看，嗓子都哭哑了，咱们阳阳原来百灵鸟般清脆的声音变成驴嗓子喽。"妈妈端来了一杯水，笑嘻嘻地开着玩笑，想用自己亲切的笑容帮助孩子进一步稳定情绪。

果然，孩子是好哄的，刚刚还哭得稀里哗啦的阳阳展开了可爱的笑颜，他反驳了一句："我才不是驴嗓子呢。"立刻就低下头，大口大口喝起水来。

"真是小牛饮水，慢点，别呛着了。"妈妈拍着阳阳的后背，关心地说。

阳阳喝完了水，亲昵地依在了妈妈的怀里，妈妈心里涌起一阵温暖和感动，孩子真的是天使，他们永远不会记仇，他们永远那么信赖你。为人父母不好好对孩子尽心，怎么对得起他们？妈妈心中的后悔，愈发强烈。

窗外，一阵清风携着隐隐约约的花香飘进来，妈妈深深地吸了一口气，她决定和6岁的儿子展开一场正式的谈话。

"阳阳，你还记得妈妈跟你说过做错了事就要道歉吗？现在妈妈正式向你道歉，对不起！今天妈妈对你太冲动、太没有耐心，虽然妈妈是因为在忙饭，所以急躁，但这不是理由，以后妈妈会改正的，你能原谅妈妈吗？"妈妈看着阳阳的眼睛，诚恳又亲切地说。

倒是阳阳有些不适应，他不好意思地笑了，小酒窝在脸上跳动了起来。

“不说话？是不原谅妈妈？”妈妈故意睁大了眼睛盯着阳阳紧张兮兮地问。

“哈哈哈……”阳阳笑起来，清脆地叫道，“原谅！”

“谢谢阳阳！”妈妈抱起阳阳在他的大脑门上，“啪”地亲了一下，“以后，我们不管是谁，做错了事都要道歉，好吗？”

“我不应该赖皮要看电视。”阳阳有些不好意思地低了头轻声说。

“对的。不过，没关系的，人都会犯错，能改就好了。”妈妈抚慰着阳阳，耐心地教导他，“我们说好了晚上看电视，那上午我们就不能看。作为人，一定要重承诺、说话算话。你看爸爸妈妈从来都是说话算话的，对不对？相信我们阳阳以后一定能做到，是不是？”

“是！”阳阳重重地答应了，妈妈微笑起来，她相信这一次一定能给阳阳留下深刻的印象，也相信阳阳以后一定能“言必信，行必果”。她继续问，“那还有其他做错的地方吗？”

“我不该用赛车砸电视。”阳阳的头低得更深了。

“小孩子果然都是精灵呀，他们什么都明白。”妈妈在心里慨叹着，拍了拍阳阳的头，“我们儿子很聪明呀，错在哪儿都知道。儿子，妈妈告诉你，遇到事情要以理服人，就是用道理来说服别人，不能靠和别人吵架打架，也不能靠摔东西。而且，东西摔坏了不还得买吗？多傻呀！”

阳光听到快乐的笑声，好奇地伸进脑袋来瞧，正撞见这幸福的一幕，它不禁也笑了，把母子俩笼罩进一片温暖的金色之中，满天的乌云散了。

（朱红昆）

第7章　灯下夜话

灶前屋后有文章

英国人瓦特发明的蒸汽机使人类社会进入“蒸汽时代”，促进社会生产力惊人发展。

瓦特的父亲是一个穷苦的木匠，整日如牛负重般劳动着；母亲负担家务，整个家庭充满了痛苦和忧愁。

贫寒的家庭使瓦特身体非常虚弱，骨瘦如柴。由于贫病交加，他失去了入学读书的机会。时间长了，小伙伴们见他不上学，常常半真半假地说他坏话，叫他“懒孩子”“病秧子”。瓦特听了很伤心。

瓦特的自尊心很强，他不甘心这样虚度童年，强烈要求读书。父母拗不过他，只好答应。于是不管春夏秋冬，不管怎样辛苦劳累，父母都要抽空教他读书写字，有时还帮他学习算术。就这样，童年的瓦特，在贫寒的家庭里，一边帮助父母干活，一边跟着父母学习功课。在灶前屋后忙碌的瓦特，学到的知识虽不如在学校学得全面，却很扎实，记得也很牢固，有时还能举一反三。

瓦特六七岁时，有一天一个客人来看望他父亲。闲聊时，客人看见瓦特正拿着一块木炭在地板上、火炉上，画些圆圈和直线，客人便关切地对他父亲说：“为什么不送孩子进学校学些有用的功课呢？在家里乱画，岂不白白浪费时光？”父亲马上哈哈大笑起来，回答说：“先生，你仔细看看，你看我的孩子在画什么？”客人很纳闷，好奇地走过去。细心地瞧了一阵子，便恍然大悟地说：“啊，原来是这样。这孩子画的是圆形和方形的平面图哇！这不是浪费，是在演算一个几何学上的问题……”说完后，赞许地拍拍瓦特的肩膀。

瓦特从小性格倔强，他和别的孩子一样都喜欢玩具，但与众不同的是，到他手里的玩具一定要拆开，零件要卸下来，要看个究竟，弄个明白。然后，再按照原来的模样，安装上，组合好，使玩具恢复原状。

瓦特是善于观察和领悟的孩子。有一次，他在厨房里帮祖母做饭，灶上一壶开水在沸腾，壶盖啪啪啪地响、不停地往上跳动。瓦特观察好半天，感到很奇怪，就问祖母：“是什么让壶盖跳动呢？”

祖母回答说：“水开了，就这样。”

瓦特没有满足，又追问：“为什么水开了壶盖跳动？是什么东西推动它吗？”

也许祖母是太忙了，没有工夫回答他，便不耐烦地说：“不知道。小孩子刨根问底地问这些干什么呢！”

瓦特在他祖母那里没有找到答案，并没有罢休。

连续几天，每当烧水时，他就蹲在火炉旁边细心地观察。起初，壶盖很安稳，隔了一会儿，水要开了，壶盖就发出“哔哔”的响声。蓦地，壶里的水蒸气冒出来，壶盖就跳动了。蒸汽不住地往上冒，壶盖也不停地跳动着，好像里面藏着个魔术师……瓦特终于弄清楚了，是水蒸气推动壶盖跳动，这水蒸气的力量还真不小呢。

水蒸气推动壶盖跳动的物理现象，正是瓦特后来发明蒸汽机的认识源泉。

15 岁时，瓦特读了一些工艺和物理方面的书籍，已经具有一些自然科学知识。他还喜欢天文学，常常一个人晚上躺在草地上观察天空的星星。他喜欢做模型：小起重机，小辘轳，小抽气筒以及船上用的各种物件，他几乎都做过，有的反复做过多次。他父亲被他的好学精神感动了，慷慨地把自己使用多年的一套木工工具送给了瓦特，以示支持。

瓦特利用这些工具，运用所学知识，做了一台发电机器。这台机器转动时，能放射出灿烂耀眼的火花。邻居的孩子看了感到既新奇又神秘，都说瓦特了不起，年长的人也赞扬瓦特，说他有出息。

瓦特 18 岁那年，家庭经济更加困难，几乎到了断炊的地步，他不得不去外地谋生。他先到了格拉斯哥，在一家数学仪器店里当学徒，他很勤快，可是老板很吝啬，也很刻薄。不久，瓦特随着一位老船长到了伦敦，但是并未找到工作。瓦特几乎天天徘徊在街头，无奈之下他只好不计报酬地在一家钟表店里落了脚。伦敦的寒酸生活摧残了瓦特那经不起折腾的身体，过了一段时间，瓦特便返回格拉斯哥城。

在格拉斯哥，瓦特得到了一位大学教授的帮助。教授为他在大学里借了一间房子，瓦特一边帮助学校修理实验仪器，一边阅读许多科学书籍。他如饥似渴的求知欲得到了从未有过的满足。此时瓦特刚刚 20 岁。

（庄　斌　陈彬铨）

一片落叶的价值

晚饭后，我带着母亲和三岁的女儿果果，一起去灞河边散步。秋天的阳光，很温柔。近处的柳树、远处的大桥都镀上了一层金色。一阵秋风吹过，一片片叶子在枝头闪烁，炫耀着优美的舞姿。有的叶子，则和树妈妈做最后的告别，然后搭乘着风车，去周游世界。

女儿跑在前面，一会儿跳起来扑一只白蝴蝶，一会儿蹲下来看蚂蚁打架，一会儿又跑到灌木丛里，捡各种各样的树叶。她认真地捡着，把树叶的叶柄一根一根地对齐。然后，紧紧地攥在手里。好像拿了一根"树叶羽毛"。她的"树叶羽毛"在她的一蹲一起之间，不断增多。我静静地看着那些树叶，也在看着她。

没过一会儿，她从灌木丛里高兴地跑回来。一边挥舞着手里的"战绩"，一边对我炫耀："妈妈，你看我找到的树叶漂亮吗?"我刚准备迎接她的喜悦，也许她太激动了，一个趔趄摔倒在草地上。令我意外的是，她没有哭，手里还紧紧地攥着她的"战绩"。我母亲赶紧迎上去，把她拉起来，还把她手里的那些树叶丢到地上，并从手包里掏出湿巾，拉着果果的手不断地擦拭，嘴里一个劲地抱怨着："捡这些没用的树叶干什么? 还摔一跤，看这手弄得脏兮兮的，全是细菌……"

"不对，它们有用。"果果的声音虽然稚嫩，但却很坚定。

"没用。"我母亲毫不示弱。

"有用。"果果低头捡着散落脚下的树叶，脑袋里不知道想了多少词汇，最后还是用了这两个字，坚定而有力地反驳着她姥姥。

“你们两个拉弓扯锯呢?”我想我要是不插一句,她们俩单调的对话,都能让我昏睡在这个迷人的秋天里。

“妈,为什么你认为树叶是没什么用的呢?”我先向妈妈开火,态度温和,火力不大。

“一片树叶有啥用? 既不能吃又不能喝,也不能用”妈妈信口说来,好像不无道理。

“果果,你说树叶有用,有什么用呢?”我看着女儿,满是期待。

“树叶当然有用了,你看,它是蚂蚁的滑滑梯,晚上还可以给蚂蚁当被子。它们是蝴蝶的朋友,它们在一起练习飞翔。它们还是树妈妈的孩子。它们的妈妈,一定不会说自己的孩子没用的。”果果一边不紧不慢地说着,一边拿着一片树叶做动作。好像她就是那只蚂蚁,那只蝴蝶。

听着果果的一番话,我的心不免为之一惊。一直以来,我们都认为只有成年人才能正确地评价这个世界。然而,今天听完果果的一番童言稚语,让我意识到:原来成熟的是孩子,幼稚的是我们这些自以为是的成年人。

一片秋天的落叶,在我们这些成年人的眼里,就是毫无价值的垃圾,可在孩子的眼中,却有着沉甸甸的价值。很显然,同样是看一片秋天的落叶,我们成年人看得是那么表面,那么肤浅;而孩子,却看得那么立体,那么透彻,那么深刻。到底谁更成熟,谁更幼稚?

身边的母亲也在一旁附和道:“对对对,果果说得对,树叶还真是有用,外婆也说树叶很有用。”然后她也蹲下来,和果果一起捡散落一地的树叶。这一老一小的背影,被午后的阳光温柔地笼罩着,她们一人手里攥着一把“树叶羽毛”。我仿佛看见那两把“树叶羽毛”变成了一对耀眼的翅膀，闪着光芒，守护在她们身边。

此刻的我，由衷地感到幸福。是那种被孩子的一句话点亮了心灵的幸福。在果果童真的照耀下，我突然有一种开悟的感觉。这种感觉，好像突然赋予了我一种前所未有的能力。确切地说，是一种欣赏人世间无限光彩的能力。

哲学家黑格尔有一句著名的话：存在即合理。万事万物之所以存在，必有其存在的价值，只是我们未必有能力认识其价值。正如秋天的这片落叶，我和母亲都没有看出它有什么价值，而稚气未脱的果果，却看出了它无穷的价值。

我想：作为成年人的我们，之所以跟孩子会有如此大的差距，或许就是因为我们成年人，已经习惯了用功利的标准，来评价一切事物的价值。而孩子，则一切从心出发，以天真烂漫的视角，来看待这个世界。他们不知道什么是使用价值，反而能站在事物本身的视角，去客观评价事物的价值。

作为家长，我们总是在方方面面试图以“过来人”的姿态，去“自嗨”式地教育孩子。殊不知，我们对孩子的教育，或者说对孩子传播的价值观，往往夹杂着我们自己对这个世界的愚陋之见。其实，很多时候，孩子更有资格教育我们这些愚陋的成年人。他们以自己的童真视角，引领着我们，让我们看到了一个更加广阔、更加立体、更加深刻的世界。正如今天的果果，不仅让我重新认识到一片落叶的价值，而且多维度地打开了我看待这个世界的视野，让我透过一片落叶，看见了一个更加浑厚，更加动人的秋天！

（王婷婷）

第 8 章　家教文萃

细心觉察孩子的变化

变化，是世界万事万物的常态。

我们只有及时、敏锐地觉察到孩子的变化，才可以分析、了解孩子的成长状况，才可以积极地接纳并顺应孩子的内在成长秩序和节奏，才可能为孩子提供必要的引导和帮助。

通过细心观察，我们可以了解孩子关注什么、在意什么，他有哪些愿望，有哪些努力和进步，他有哪些优点和长处，又有哪些弱点和不足，他将面临怎样的困难、压力和疑惑……

只有真正了解孩子，了解孩子的个性和成长需求，我们才可能给到孩子最需要的养育，才可能促进孩子的学习、成长和独立。

仅仅是了解孩子的变化还不够，我们还应该积极引导孩子的变化，要让孩子变得更自觉、更友善、更独立、更有责任感，也更愿意努力和坚持，让孩子变得越来越优秀。

当然，我们做父母的也应该有相应的行动和变化。我们要学习家庭教育知识，更新教育观念和方法，要给孩子更多关爱、理解、宽容和支持，让自己变得越来越好，为孩子做出榜样和示范。

在养育孩子的问题上，谁都不能盲目自信，不能认为自己最了解孩子，更不能懈怠、偷懒，不能“以不变应万变”。

（廉福录）

“陪读”莫如“培独”

近年来，家长陪读现象普遍存在，子女一考上高中，许多家长便放下或辞去原来的工作，在学校周围租房居住，加入“陪读”大军，当起全职保姆，少则几个月，多则几年照顾孩子的生活、学习。“陪读”已然成了学校周边的一道风景。

时下，素质教育取得了丰硕成果，学校和家长的观念有所更新，但仍有一些学校、教师和家长还没有走出应试教育的误区，还存在教育功利思想。一些家长认为，孩子只有分数高、成绩好才能考上理想的中学、大学，不少学校也简单地以学生的升学率来评价教师的教学水平，上级行政部门也拿升学率来考核学校领导的业绩。这些都为陪读提供了生长的土壤，导致陪读在一些地区愈演愈烈。不可否认，家长到子女身边“陪读”，可让孩子不为生活琐事烦心，能腾出更多时间和精力去学习，好处是有的。可综合考量，弊显然大于利。一来家长的生活被打乱，影响了原本的工作与事业，增加了生活成本与负担。二来家长放下工作来照顾孩子，孩子们怕学习成绩上不去，考不上理想大学，会感到对不起父母而由此压力倍增，会由于压力太大而马失前蹄。“陪读”也会使孩子的独立性变差，饭来张口、衣来伸手的生活，会导致孩子依赖性强、动手能力差，不利于孩子健康成长。三来还极易引发家长与孩子的矛盾。“陪读”家长长期伴在孩子左右，一旦这也想管，那也要说，正处在“青春叛逆期”的孩子容易产生逆反心理，关系如处理不好，其副作用不可小看。

其实，没有哪个父母能陪伴孩子一辈子，今天所有的爱都为了明天的放手。与其“陪读”一阵子，莫如“培独”一辈子。有意识地培养孩子独立生活、学习、处事的能力，鼓励孩子在学校住宿，让他们融入学校集体生活；凡是孩子生活中自己能做的事，家长尽量不去大包大揽；一切有关学习中的相关安排，家长最多做个“参谋”，让孩子“我的学习我做主”；对孩子提出的需要家长帮助的事项，家长的帮助也要适可而止，实现从“陪读”到“培独”的华丽转身。

爱孩子，就要目光前视，大胆放手，让孩子学会独立思考，独立面对问题、解决问题，成为自立、自强、自尊、自爱的人。否则，孩子一旦离开家长独自面对生活，就会不堪一击，毕竟未来是属于孩子自己的，孩子的自我生存能力比分数要重要得多。不用父母伴其左右，孩子一样生活好、学习好才是理想的状态。

（鲁庸兴）

家长，请接受孩子做一个普通人

作为一名老师，我很期待我的学生，个个成绩优秀、多才多艺、品行出众。作为一名老师，我很理解家长那种望子成龙、望女成凤的迫切心情。然而，作为一名老师，我更想提醒家长，请接受孩子做一个普通人。

我们知道，在这个世界上，绝大多数人都是普通人。我很喜欢这样的一个调查案例：在小学的时候，有一位老师询问班级的几十个孩子，长大后想做什么。这几十个孩子对未来的希望，几乎都是要成为科学家、名人，希望成为所谓的成功人士。事实上，这几十个孩子长大后，很少有人能够实现他们小时候要做科学家、做名人的愿望。就像我几十年来教过的许多学生，他们中虽然有一些人通过努力，最终成了成功人士，但大多数人还是成为了普通人。只要想一想自己小时候的愿望，看一看自己现在的发展，看一看自己熟悉的亲友，想一想他们的人生发展，我们就会知道，在这个世界上，普通人占大多数。既然我们大多数人最终还是要做一个普通人，那我们的孩子做一个普通人又有什么不好呢？孩子做一个普通人，我们又有什么不能接受的呢？

我们知道，在这个世界上，每一个人都是独特的，每一个人都是与众不同的。很多时候，我们很难说得清哪一个人就是成功人士，我们很难分得清哪一个人的人生意义更大。我常常对学生举一个例子。我询问学生，在学校，是做一名老师有意义，还是做一名炊事员有意义？我告诉学生，这很难分得清。如果从培养人的角度来讲，似乎老师的作用要大一些。但如果从生存的角度来看，学校炊事员的作用也不小。如果学校的炊事员一天都不上班，那我们都要挨饿了。我们再想一想，如果让我们去比较玫瑰花与月季花哪一种花更美，去比较桃子和杏子哪一个更好吃，那肯定无法得出结论。对于孩子来讲，人生到底怎么发展才是好的？我们很难得出结论。当孩子长大后，结婚成家可能就是我们不少家长的期待。当我们家长年老时，如果孩子能够陪在身边照顾自己，可能那就是很多人乐享的一种幸福。很多时候，做一个所谓的普通人，那就是一种幸福。

家长，请接受孩子做一个普通人。

（周建洋）

第9章　忘年文苑

让孩子的心灵丰富而高贵

为人之父母，应如何在释放爱的温暖中，让孩子的心灵丰富而高贵？

我们许多人，从小在农村长大，凭着自己的勤奋和努力走到今天，知道自己从哪里来，又将往哪里去，因而也希望自己的孩子在成长过程中，脚步能更坚实一些，人生境遇更顺利一些。做父母的，就应当在教育孩子时及时把自己对生活的理解，对社会的认识，将自己在成长过程中积累的经验，揉碎了，嚼烂了，悉心传授给孩子，让他们明白怎样去做才是正确的。要把自己一路走来在人生道路上看到的，将自己走过的弯路、吃过的苦头告诉孩子，让孩子明白什么是正道，什么是邪路，什么是苦，什么是甜，帮助他们进行价值筛选和价值引领，努力提高孩子的判断力、免疫力和生活自主能力，使他们少走弯路，缩短他们走向社会后的游移和盘桓过程。父母时时给儿女指点迷津，源源不断地注入一股强大的精神动力，这远比给他们一座金山银山贵重得多。

父母要善于引导孩子向身边的人播撒爱。比如在公交车上看到行动不便的人时，就应该告诉孩子主动让座，并让孩子明白，他的帮助会让别人感到快乐；当有人给孩子让座时，要让孩子说声“谢谢”，教育孩子懂得礼貌；时逢中秋、春节等重大节日，要有意识地提示孩子，抽空去拜访曾经教育、帮助过自己的老师；重要节假日，给同学朋友同事发个短信给予问候祝福……从点点滴滴入手培养孩子的善爱之心，让孩子常怀感恩之心，这既是父母爱子女中的大爱，也是做父母的必尽之责。

明末思想家黄宗羲说：“爱其子而不教，犹为不爱也；教而不以善，犹为不教也。”要教育引导孩子懂得爱是人的生活准则，用爱支撑生命，使其敬爱父母、敬爱长辈、爱妻子、爱儿女、爱朋友，还要引导教育孩子，不仅要爱深爱的人，也要爱邻居、爱同事，这是广义的朋友。要给遇到的每一个人一个微笑或一句善语。在他们困难的时候，伸出援助之手，给人以信心，给人以欢喜，给人以希望。真正的高贵，是心里装着别人，善良是人性光泽中的一束亮点。“心存善念……天必佑之”“但行好事，莫问前程”说的都是行善的因果。能在培养孩子具有一颗善良之心上下功夫，这是在涵养孩子的德行，是父母之爱中固本培根的大爱，大道之简，有爱天成。

在关心孩子成长问题上，关心指导孩子多读书，读好书，未必能让孩子学会一项生存技能，但可以培养高尚的心灵，使孩子一生受益。林语堂曾这样评价：“读书，开茅塞，除鄙见，得新知，增学问，广识见，养性灵。”英国哲学家培根在其笔记中说，读书可以“怡情、博采、长才”。透过这些闪光的文字，我们或许可以看到人的一生中难以尽收眼底的槛外山光。试问人生荆棘载途，何以归也？也许前人早已在书中把路铺好了，找到它，便赢了人生。赫尔岑有句关于书的名言：“书，是这一代对另一代精神上的遗训。”文以载道，一部好的作品，就是一本人生教科书，经常阅读就会“随风潜入夜，润物细无声”，让其在潜移默化中修身养性，涵养正气，抱道不曲，拥书自雄。苏联著名教育家苏霍姆林斯基在写给他儿子的一封信中说道：“一个人如果从童年时期就受到美的教育，特别是读过一些好书，如果他善于感受并高度赞美一切美好的事物，那么，很难设想，他会变成一个冷酷无情、卑鄙庸俗、贪淫好色之徒。”

爱的教育是培养心灵，让孩子的心灵丰富而高贵。真正爱子女的父母，给孩子留下的不是金钱而是精神。“读书传家久”。唯精神是一个家族乃至国家民族厚重的力量，唯精神方可永久传承。林则徐曾给儿子两句话：“子孙若如我，留钱做什么？贤而多财，则损其志；子孙不如我，留钱做什么？愚而多财，益增其过。”这便是父母引导孩子做人做事的智慧之爱。

（王庆元）

第10章　教师手记

教育也要学会有时“不作为”

教师要主动作为，才会不愧对人民教师的称号，但在一些特殊时候，针对一些性格特殊的学生，教师的不作为，也能达到育人的目的。

班上曾有一名学生小王早恋，多次劝说无效，一个周末回校后，我到班上清点人数，不见其人。问其他同学，都说不知道他在哪里。给他家里打电话，他父亲说：“早晨回来了一下，拿了钱就走了。问他到哪里去？他说早点回学校做作业！”

担心孩子的安危，等学生自习时，我到学校监控室查看，发现他确实到学校了，而且进寝室去了，我来到他的寝室，见他横躺在床上，地上一片狼藉，酒气熏天。我伸手在他鼻孔处放了放，呼吸还均匀，可见没有生命问题，才放下心来。见他睡得正香，我为他盖好被子，将床边和厕所内的呕吐物清洗干净，再将地面拖得干干净净，然后坐在他旁边静静等待。半个多小时后，他睡醒了，爬起来看见我，惊恐地说道：“老师，我喝醉了！”

“现在感觉如何？”

“睡了一觉，好多了！”他低着头，不敢望我的眼睛。